Learning
HTTP/2

러닝 HTTP/2

러닝 HTTP/2 핵심만 쏙쏙, HTTP/2 적용 실무 가이드

초판 1쇄 발행 2018년 1월 22일

지은이 스티븐 루딘, 하비에르 가르사 / **옮긴이** 강재준 / **펴낸이** 김태헌
펴낸곳 한빛미디어(주) / **주소** 서울시 서대문구 연희로2길 62 한빛미디어(주) IT출판부
전화 02-325-5544 / **팩스** 02-336-7124
등록 1999년 6월 24일 제10-1779호 / **ISBN** 979-11-6224-043-4   93000

총괄 전태호 / **책임편집** 김창수 / **기획·편집** 이미연
디자인 표지 박정화 내지 김연정 조판 이경숙
영업 김형진, 김진불, 조유미 / **마케팅** 박상용, 송경석, 변지영 / **제작** 박성우, 김정우

이 책에 대한 의견이나 오탈자 및 잘못된 내용에 대한 수정 정보는 한빛미디어(주)의 홈페이지나 아래 이메일로
알려주십시오. 잘못된 책은 구입하신 서점에서 교환해드립니다. 책값은 뒤표지에 표시되어 있습니다.
한빛미디어 홈페이지 www.hanbit.co.kr / **이메일** ask@hanbit.co.kr

지금 하지 않으면 할 수 없는 일이 있습니다.
책으로 펴내고 싶은 아이디어나 원고를 메일(writer@hanbit.co.kr)로 보내주세요.
한빛미디어(주)는 여러분의 소중한 경험과 지식을 기다리고 있습니다.

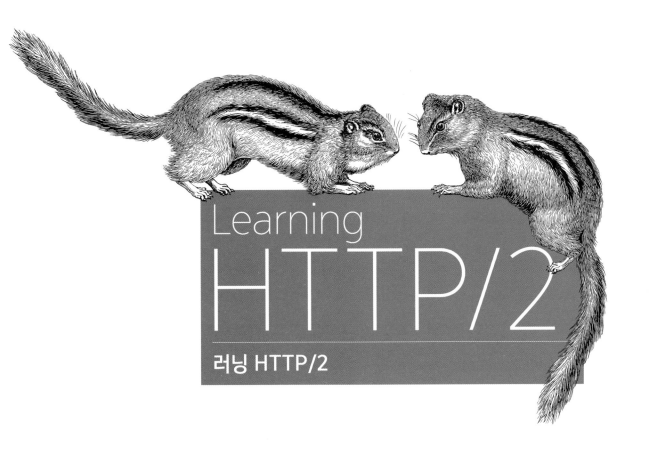

Learning
HTTP/2

러닝 HTTP/2

O'REILLY® 한빛미디어
Hanbit Media, Inc.

지은이 · 옮긴이 소개

지은이 **스티븐 루딘** Stephen Ludin

아카마이Akamai 웹 성능 부문 수석 아키텍트다. 미래 웹 기술에 주력하는 연구/개발 그룹인 파운드리Foundry 팀을 이끌고 있다. 또한, 루비콘 랩스Rubicon Labs뿐만 아니라 ISRGInternet Security Research Group (Let's Encrypt의 부모조직) 이사로 활동하고 있다.

샌디에이고 소재 캘리포니아 대학교에서 컴퓨터 음악 학위를 받았으며, 그곳에서 실험 음악을 작곡하는 C 프로그램을 만들었다. 상거래와 소통을 위해 웹을 더 빠르고 안전하게 만드는 데 창의력, 기술력, 관리 역량을 쏟고 있다.

지은이 **하비에르 가르사** Javier Garza

무언가를 분해하여, 동작 원리를 이해하고 개선을 위해 가장 실현가능한 방법을 찾는 것을 좋아하는 다국어에 능통한 기술 전도사다. 9세에 BASIC 기반의 컴퓨터 게임을 분석한 이래로 지난 25년 동안 스페인, 독일, 미국에서 컴퓨터 분야에 종사하고 있다. 2004년부터 아카마이에서 근무하며 인터넷에서 가장 큰 웹사이트를 더 빠르고 안전하게 하는 데 일조했다.

옮긴이 **강재준** purumi77@naver.com

SK텔레콤에서 10년 이상 네트워크 시스템과 IT 인프라를 구축, 관리, 운영하는 업무를 담당하고 있다. 2G/3G/LTE 통신 인프라 및 다양한 연동 시스템을 운영해왔으며, 가상화 기반의 LTE 코어 시스템(NFV) 구축에 참여하여 국내 최초로 상용화했다.

현재는 VMware, 오픈스택 등 다양한 상용 및 오픈소스 솔루션을 기반으로 T아이디, T map 등 SK텔레콤 주요 서비스의 인프라를 구축 및 운영하고 있으며, 데이터센터 인프라 관리 및 자동화에 관심을 두고 계속 추진하고 있다.

『VMware vSphere 6 서버 가상화 구축과 운용』(에이콘출판사, 2015), 『오픈스택 인 액션』(한빛미디어, 2016), 『코드로 인프라 관리하기』(한빛미디어, 2017)를 번역했다.

지은이의 말

아카마이의 h2 핵심팀뿐만 아니라 많은 h2 문서를 공동 저술한 파운드리 팀 연구원인 모리츠 슈타이너Moritz Steiner에게 고마움을 전하고 싶다. 피에르 러먼트Pierre Lermant(뛰어난 유머 감각과 꼼꼼함으로 이 책의 검토와 저술에 기여함), 마틴 플랙Martin Flack(Lisp로 이해하기 쉽게 구현해 준 아카마이 파운드리 팀원), 제프 지토머Jeff Zitomer(남을 행복하게 하는 미소로 지원과 격려를 아끼지 않음), 마크 노팅엄Mark Nottingham(h2 프로토콜에 기여함), 팻 미넌Pat Meenan(최고의 무료 웹 성능 측정 도구인 webpagetest.org에 셀 수 없이 많은 기여를 함), 앤디 데이비스Andy Davies(이 책에서 두루 사용한 'WebPagetest Bulk Tester'를 개발)에게도 감사의 말을 전한다.

모든 일을 원활히 처리해준 편집자 브라이언 앤더슨Brian Anderson, 버지니아 윌슨Virginia Wilson, 돈 샤나펠트Dawn Schanafelt 외에, 일리아 그리고릭Ilya Grigorik, 패트릭 맥매너스Patrick McManus, 대니얼 스텐버그Daniel Stenberg, 래그너 론Ragnar Lonn, 콜린 벤델Colin Bendell, 마크 노팅엄Mark Nottingham, 후먼 베헤슈티Hooman Beheshti, 롭 트레이스Rob Trace, 팀 카들렉Tim Kadlec, 팻 미넌Pat Meenan 등 이 책에 많은 피드백과 아이디어를 준 모든 h2 전문가분들께도 감사의 인사를 드린다.

옮긴이의 말

90년대 초, 웹 브라우저가 세상에 처음 나온 이후로 웹 브라우저와 웹 서버 소프트웨어는 인터넷 헤게모니를 차지하기 위한 치열한 경쟁 속에서 비약적으로 발전해왔다. 물리 자원을 대표하는 CPU, 메모리, 디스크, 네트워크 등 하드웨어의 성능 또한 기술적 한계에 근접했다고 평가받을 수준으로 발전했다. 하지만 20년이 지난 아직도 웹 서버 운영자는 어떻게 하면 웹 브라우저의 요청 수와 전송할 데이터의 크기를 줄일 수 있을지를 고민하고, 웹 개발자는 조금이라도 더 빨리 웹 페이지를 내려받을 수 있도록 스타일시트와 자바스크립트의 위치를 정하느라 머리를 싸매고 있다. 문제는 소프트웨어와 하드웨어가 아니라 그 발전 속도에 못 미치는 기반 프로토콜의 노후화였다. 아무리 뛰어난 웹 기술과 인프라 아키텍처라도 웹 서버와 브라우저의 소통에 사용되는 프로토콜 자체에 내재된 한계를 뛰어넘을 수는 없었다.

이 오래 묵은 체기를 단번에 해소하려는 듯이 2015년 5월 HTTP/2 규격이 발표된 이후 웹 서버와 브라우저 양 진영 모두에서 즉시 HTTP/2를 지원하기 위한 작업이 시작되었다. 가장 널리 사용되는 아파치 웹 서버는 2015년 7월 2.4.12 버전부터 HTTP/2 모듈을 포함했고, 엔진엑스도 같은 해 9월 1.9.5 버전부터 HTTP/2를 지원하기 시작했다. 웹 브라우저 진영의 경우, HTTP/2 규격이 공식 발표되기도 전인 2015년 2월 파이어폭스가 최초로 HTTP/2를 지원하기 시작해서, 현재는 모바일용을 포함한 브라우저 대부분이 HTTP/2를 공식적으로 지원하고 있다.

HTTP/2 프로토콜 구조 자체는 가히 혁명적이라 할 만큼 크게 바뀌었지만 웹 서버를 운영하거나 브라우저 사용자 측면에서는 사실 크게 바뀐 것이 없다. 아파치나 엔진엑스 웹 서버에 이미 익숙한 사용자라면 몇 가지 추가 설정만으로 웹 서버를 HTTP/2로 간단히 전환할 수 있다. 심지어 기존 웹 애플리케이션도 변경할 필요가 없는데, 이는 HTTP/2가 기존 HTTP/1.1의 의미 체계를 유지한 채 데이터를 표현하고 전송하는 방법을 개선하는 데 중점을 둔 덕분이다.

필자는 HTTP/2 프로토콜이 만들어진 이유와 이면의 개념을 풍부한 지식과 경험을 바탕으로 이해하기 쉽게 설명하고 있다. 기존에 알려진 HTTP/1.1의 문제점과 그 문제점을 해결하기 위해 HTTP/2가 채택한 방식을 쉬운 예제와 많은 참조 자료를 이용해 설명한다. 이 책은

HTTP/1.1에 익숙한 경험자에게는 머지않은 미래에 이 새 프로토콜에 어떻게 대응해야 할지를, 입문자에게는 기초적인 프로토콜 동작 방식뿐만 아니라 앞으로의 학습 방향에 대한 좋은 가이드가 되어줄 것으로 믿는다.

한국어판이 출간되기 전까지 부족한 번역 원고를 꼼꼼히 챙겨주신 이미연 님 외 한빛미디어 관계자분들께 감사의 말씀을 드리며, 언제까지나 삶의 목표이자 활력소가 되어줄 가족들에게도 사랑한다는 말을 전하고 싶다.

옮긴이_ **강재준**

이 책에 대하여

간단히 줄여 h2라고도 하는 HTTP/2는 월드 와이드 웹에서 사용하는 HTTP 네트워크 프로토콜의 메이저 개정 버전으로, 메이저 버전이 바뀌었다는 것은 웹 콘텐츠를 불러올 때의 체감 성능이 대폭 개선된다는 것을 의미한다.

1999년 HTTP/1.1(h1)이 승인된 이후로 웹은 10개 미만의 개체로 구성된 수 KB에 불과한 텍스트 기반의 웹 페이지에서 오늘날에는 평균 140개의 개체로 구성된 2MB가 넘는 미디어 위주의 웹사이트로 급격히 변화했다[1]. 하지만 웹 콘텐츠를 전송하는 데 사용하는 HTTP 프로토콜은 그동안 바뀐 것이 없었다. 이 오래된 프로토콜이 웹 페이지를 더 빨리 불러오게 하는 방법을 찾는 일에 몰두하는 웹 성능 전문가라는 새로운 직업도 생겨났다. 성능에 대한 사람들의 기대 또한 바뀌었다. 90년대 후반에는 사람들은 페이지가 로딩되는 데 7초까지는 기다렸다. 그러나 2009년에 이루어진 포레스터 리서치Forrester Research의 한 연구에 따르면, 온라인 쇼핑객은 2초 이내에 페이지가 로딩되기를 바라며, 페이지가 로딩되는 데 3초가 넘게 걸리면 많은 사용자가 사이트를 떠난다는 사실이 밝혀졌다. 구글의 최근 연구도 400ms(눈 깜짝할 새)의 지연으로도 사람들이 검색 횟수를 줄인다는 사실을 보여주었다.

이것이 바로 h2가 만들어진 이유다. 즉, h2는 오늘날 복잡한 페이지를 속도 저하 없이 더 잘 처리하는 프로토콜을 목표로 한다. 많은 웹사이트 관리자들이 적은 노력으로도 웹사이트의 체감 성능을 개선할 수 있다는 사실을 알게 되면서 HTTP/2는 점점 더 많이 채택되고 있다[2].

우리는 h2를 매일 사용한다. h2는 페이스북, 트위터, 구글, 위키백과 등 가장 인기 있는 사이트를 더 강력하게 만들어주었는데, 많은 사람은 그 사실을 알지 못한다. 필자의 목표는 독자들이 h2를 잘 활용할 수 있도록 h2와 그 성능적인 장점을 가르치는 것이다.

---

1 http://bit.ly/2oEc8sA
2 http://bit.ly/2pNKiL4

이 책의 대상 독자

독자들의 직책에 관계없이, 독자들이 웹사이트의 생애 주기를 조금이라도 책임지고 있다면 이 책은 유용할 것이다. 이 책은 웹사이트를 구축하거나 운영하는 사람뿐만 아니라, h2를 구현하거나 h2의 동작 방식을 이해하고 싶은 사람 모두를 대상으로 만들어졌다. 독자들이 이 책을 통해 웹 브라우저, 웹 서버, 웹사이트, HTTP 프로토콜의 기본에 익숙해지길 바란다.

이 책의 목적

이 책의 목적은 h2를 가르치고 새 버전의 HTTP 프로토콜을 잘 활용할 수 있게 돕는 것이다. 이 책이 모든 h2 클라이언트, 서버, 디버깅 도구, 성능 벤치마킹 등을 위한 종합 안내서는 아니다. 이 책은 HTTP/2를 잘 모르는 사람들을 위해 집필하였지만 HTTP/2가 얼마나 유용한지 알고 싶은 전문가들에게도 도움이 될 것이다.

권장 도서

h2book.com은 이 책의 안내 사이트다. 이곳에서 이 책에서 사용한 예제를 찾을 수 있다. 추가로 다음 책들을 추천한다[3].

- 스티브 사우더스Steve Souders의 『웹 사이트 최적화 기법High Performance Websites』(ITC, 2008)
- 스티브 사우더스의 『초고속 웹사이트 구축Even Faster Websites』(위키북스, 2010)
- 일리아 그리고릭Ilya Grigorik의 『네트워킹과 웹 성능 최적화 기법High Performance Browser Networking』(인사이트, 2015)
- 릭 비스코미Rick Viscomi, 앤디 데이비스Andy Davies, 마셀 듀런Marcel Duran의 『Using WebPageTest』(O'Reilly, 2015)
- 막시밀리아노 퍼트먼Maximiliano Firtman의 『High Performance Mobile Web』(O'Reilly, 2016)
- 대니얼 스텐버그Daniel Stenberg의 『http2 explained』[4]

---

3 역자주_ 『Using WebPageTest』와 『High Performance Mobile Web』은 아직 한국어판 도서가 없다.
4 역자주_ https://bagder.gitbooks.io/http2-explained/

추천의 말

HTTP/1.1이 발표된 지 10년째인 2009년에도 HTTP/1.1은 논쟁의 여지 없이 여전히 인터넷에서 가장 인기 있는 애플리케이션 프로토콜이었다. HTTP/1.1은 웹 브라우징뿐만 아니라 다른 많은 용도에도 사용할 수 있는 필수 프로토콜이었다. 편리한 사용법, 다양한 구현, 개발자와 운영자들의 폭넓은 이해 덕분에 HTTP/1.1은 엄청난 장점을 가진, 대체 불가능한 프로토콜이 되었다. 어떤 이들은 HTTP/1.1이 인터넷 아키텍처의 발전 과정에서 두 번째로 중요한 혁신적인 발명이라고 평가하기도 한다.

하지만 HTTP는 이제 그 나이를 체감하고 있다. 웹은 급속히 변해왔고, 그 변화의 요구는 이 오래된 프로토콜을 혹사하고 있다. 이제 하나의 웹 페이지를 불러오려면 수백 번의 요청을 해야 하는 상황에 이르렀으며, 그로 인해 누적된 오버헤드가 웹을 느리게 했다. 결국, 그 해결책을 찾기 위한 웹 성능 최적화라는 틈새 영역이 자생하기 시작했다.

이 문제들은 HTTP 공동체에서 명백히 인식되고 있었지만, 우리에게는 그 문제를 고칠 권한이 없었다. HTTP-NG처럼 예전에 시도했던 몇 가지 노력은 실패로 돌아갔고, 웹 브라우저와 서버 양쪽의 강력한 지지 없이 투기적인 노력을 시작하는 것은 어리석은 일이었다. 이는 당시 HTTP 워킹 그룹의 활동 계획안에 다음과 같이 반영되어 있다.

> *워킹 그룹은 새로운 버전의 HTTP를 제출해서는 안 되며, HTTP에 새로운 기능을 추가해서도 안 된다.*

대신, 우리의 임무는 HTTP 규격을 명확하게 하고, (적어도 나의 역할은) HTTP 구현자들의 강력한 공동체를 재건하는 것이었다.

그렇지만 로이 필딩^{Roy Fielding}의 WAKA 프로토콜[1] (불행히도 완성되지 못했다)이나 HTTP over SCTP[2] (델라웨어 대학교가 주도)에 관한 연구처럼 HTTP 의미를 더 효율적으로 표현하

---

1 https://tools.ietf.org/agenda/83/slides/slides-83-httpbis-5.pdf
2 https://tools.ietf.org/html/draft-natarajan-http-over-sctp-00

는 일에도 여전히 관심이 있었다.

언젠가 구글에서 이 주제로 강연한 후, 나는 마이크 벨시Mike Belshe로부터 만남을 제안받았다. 미국 마운틴 뷰의 카스트로 거리에서 저녁을 먹던 중, 그는 구글이 SPDY(스피디speedy로 발음한다)라는 HTTP 대체 프로토콜을 발표한다는 사실을 말해주었다.

마이크는 크롬 브라우저 개발을 담당했고, GFEGoogle Front End(구글의 프론트엔드 웹 서버)에서 일하던 로베르토 페온Roberto Peon과 함께 일해서, SPDY는 HTTP와는 차별화될 수밖에 없었다. 서버와 브라우저 모두를 제어할 수 있어 계속되는 반복 작업을 빠르게 처리할 수 있었다. 또한, 구글의 대규모 트래픽에서 프로토콜을 테스트할 수 있었기 때문에 규모 변화에 따른 설계를 검증할 수 있었다.

그 저녁 식사에서 함박웃음을 지으면서 오랜 시간을 보냈다. 그들은 실제 문제를 해결하고 있었고, 동작하는 코드와 데이터를 가지고 있었다. 이 모든 것은 IETFInternet Engineering Task Force가 원하는 것이었다.

하지만 2012년이 되어서야 비로소 SPDY를 위한 움직임이 실제로 시작되었다. 파이어폭스가 이 새로운 프로토콜을 구현했고, 엔진엑스Nginx 서버와 아카마이가 그 뒤를 이었다. 넷크래프트Netcraft는 SPDY를 지원하는 사이트 수가 급증하고 있다고 발표했다.

새 버전의 HTTP에 관심이 지대했다는 사실은 분명했다.

2012년 10월, SPDY를 시작점으로 하는 HTTP/2를 발표하기 위해 HTTP 워킹 그룹이 재설립되었다. 그다음 2년 동안, 여러 회사와 오픈소스 프로젝트 대표들은 전 세계 곳곳에서 만나, 새 프로토콜을 논의하고, 문제를 해결하고, 그들의 구현이 서로 호환되는지를 검증했다.

그 과정에서 많은 의견 충돌과 논쟁이 있었다. 하지만 나는 그 과정에서 모두가 보여준 프로 정신, 참여 의지, 선의에 깊은 감명을 받았다. 그들은 함께 일하기에 훌륭했다.

예를 들어, 몇몇 경우에서 우리는 한 개인이 논쟁에서 승리하는 것보다 앞으로 나가는 것이 더 중요하다는 것에 동의하고, 동전 던지기로 결정을 내리기도 했다. 어쩌면 이것이 약간 비정상적으로 보일 수도 있지만 나에게는 보기 힘든 성숙함과 균형감으로 다가왔다.

2014년 12월, 활동 마감 시한을 겨우 16일 넘어선 날(이 정도면 일반적으로 빨리 끝낸 것이다), 우리는 IESG^{Internet Engineering Steering Group}에 HTTP/2를 제출하고 승인을 기다렸다.

"백 번 듣는 것보다 한 번 보는 것이 낫다"라는 속담이 있다. 이 속담은 IETF에서 "백 번 설명하는 것보다 '동작하는 코드' 하나가 더 낫다"로 통한다. 우리는 주요 브라우저와 여러 웹 서버, CDN, 도구의 지원을 받아 HTTP/2를 빠르게 구현했다.

HTTP/2는 결코 완벽하지 않지만, 우리는 최선을 다했다. 눈앞의 목표는 거미줄 같은 웹을 정비하고 웹 성능을 점진적으로 개선하는 것이었지만 더 큰 목표는 웹이 한물간 프로토콜에서 벗어나도록 새 HTTP를 촉진하고 성공적으로 보급하는 것이었다.

그 기준에서 볼 때, 우리는 성공했다. 그리고 물론, 아직 끝나지 않았다.

마크 노팅엄 Mark Nottingham

마크 노팅엄은 10년 이상 HTTP 워킹 그룹에 참여해왔으며 HTTP/2 개발 당시 워킹 그룹 의장이었다. 그는 아카마이 파운드리 팀의 전 팀원이었고, 현재는 QUIC의 워킹 그룹 의장으로 활동하고 있다.

이 책의 표지에 있는 동물은 황금망토땅다람쥐(학명: *Callospermophilus lateralis*)다. 이 다람쥐는 청솔모과에 속하며, 북미 서부 지역과 같은 숲, 목초지, 건조한 평지에 주로 서식한다.

황금망토땅다람쥐는 비슷한 외모 때문에 줄무늬다람쥐와 쉽게 혼동된다. 둘 다 등을 따라 흐르는 검은 줄무늬가 있지만 황금망토땅다람쥐는 그 줄무늬가 얼굴까지 이어지지 않는다. 또한 황금망토땅다람쥐는 크기가 23~30cm로 줄무늬다람쥐보다 더 크고, 무게는 100~400g 정도다. 꼬리도 줄무늬다람쥐보다 더 길며, 눈 주위에 흰색 원 모양이 있다. 이 다람쥐의 이름은 머리 위의 갈색 털에서 유래했다.

황금망토땅다람쥐는 잡식성으로 입속 주머니에 먹이를 모은다. 동면기에 살아남을 수 있을 만큼 충분한 먹이를 저장한다. 씨앗, 곤충, 버섯, 새알을 주로 섭취하며, 작은 척추동물을 먹기도 한다. 봄에 깨어나 동면 굴에서 나올 때를 대비해 먹이 중 일부를 저장한다.

짝짓기는 일반적으로 봄철에 이루어진다. 수컷이 암컷보다 먼저 동면에서 깨어나므로 짝짓기는 양쪽 모두 깨어나야 시작된다. 임신 기간은 약 28일이며, 약 5마리를 낳는다. 새끼들은 태어난 지 3~6주 후부터 젖을 떼고 독립한다.

오라일리 표지의 많은 동물은 멸종 위기에 놓여 있다. 그 모든 동물은 세계적으로 중요하다. 도울 방법을 알고 싶다면 animals.orailly.com을 방문하면 된다.

표지 그림은 Pictorial Museum of Animated Nature에서 가져온 것이다.

CONTENTS

CHAPTER 1 HTTP의 진화

CHAPTER 2 HTTP/2 맛보기

CONTENTS

CHAPTER 6 HTTP/2 성능

CHAPTER 7 HTTP/2 구현

CHAPTER 8 HTTP/2 디버깅하기

CONTENTS

CHAPTER **9 다음은 무엇인가**

APPENDIX **A HTTP/2 프레임**

HTTP의 진화

1930년대, MIT 공대에 재직 중이던 미국 출신 전기공학자 바네바 부시Vannevar Bush는 사람들이 생산하는 정보량은 그 정보를 소비하는 사회의 능력에 비례한다고 생각했다. 1945년, 월간 애틀랜틱Atlantic Monthly에 등재된 「생각하는 대로As We May Think」라는 기고문에서 그는 다음과 같이 기술했다.

> 연구 결과를 전문적으로 전달하고 검토하는 방식은 오래전부터 이어져 내려오고 있으며, 지금은 그 목적을 달성하기에 매우 부적절하다. 학술 저작물을 쓰는 데 소요되는 전체 시간과 읽는 데 소요되는 전체 시간을 측정할 수 있다면, 이 둘 사이에는 엄청난 차이가 있다는 사실을 알게 될 것이다.

그는 지식을 마이크로필름으로 저장하여, '엄청난 속도와 유연성으로 참조'할 수 있는 시스템을 상상했다. 또한 이러한 정보는 관련 주제들과 문맥적 상관관계가 있으며, 이는 인간의 마음이 데이터를 서로 연결하는 방식과 유사하다고 말했다. 그의 메멕스memex 시스템이 현실화되지는 않았지만 개념은 후세에 많은 영향을 미쳤다.

지금은 당연한 것으로 받아들이는 하이퍼텍스트Hypertext라는 용어는 소프트웨어 설계자이자 철학자인 테드 넬슨Ted Nelson이 1963년 즈음에 개념을 고안하여 1965년 처음 발표했다. 그는 하이퍼텍스트의 개념을 다음과 같이 제시했다.

종이 위에서는 쉽게 표현할 수 없는 복잡한 방식으로 상호 연결된 글이나 그림 자료의 모음. 요약을 포함할 수 있고, 내용과 상호 관계의 지도를 포함할 수도 있다. 검토자들의 주석, 부연 설명, 각주를 포함할 수 있다[1].

넬슨은 정보가 상호 연결되어 지워지지 않으면서 누구나 쉽게 사용할 수 있는 '문서우주Docuverse[2]'를 만들기를 원했다. 그는 부시의 아이디어를 토대로 1970년에 제너두Xanadu 프로젝트에서 하이퍼텍스트 시스템의 시제품을 구현했다. 불행히도 제너두 프로젝트는 빛을 보지 못했지만, 후대에 많은 영향을 미쳤다.

HTTP는 1989년에 처음 등장했다. CERN에서 일하던 팀 버너스 리Tim Berners-Lee는 연구소에서 '가속기(미완성 상태였던 대형 강입자 충돌기Large Hadron Collider를 의미)'와 각종 실험을 통해 얻은 정보를 관리하는 데 도움을 주는 새 시스템을 제안했다[3]. 그는 넬슨이 주창한 개념 두 가지를 채택했는데, 첫째는 '제약 없는 방식으로 서로 연결되어 사람이 읽을 수 있는 정보'를 의미하는 하이퍼텍스트며, 둘째는 '정보가 반드시 텍스트 형태일 필요는 없다'는 의미인 하이퍼미디어Hypermedia다. 그는 수많은 기계에서 서버와 브라우저를 구동해 '범세계적인 시스템Universal system'을 제공하자고 제안했다.

1.1 HTTP/0.9와 1.0

HTTP/0.9는 매우 단순한 프로토콜이었다. 단 하나의 메서드method(GET)만 있었고, 어떠한 헤더header도 없었으며, (이미지는 처리할 수 없고 텍스트만 다룰 수 있는) HTML만 가져오도록 설계되었다.

이후 몇 년간, HTTP의 사용이 계속 증가했다. 1995년에는 80번 포트에서 HTTP 트래픽을 처리하는 서버가 전 세계적으로 18,000대를 넘어섰다. 이 프로토콜은 0.9 버전 원형에서 대폭

---

1 T. H. 넬슨(Nelson), 「Complex information processing: a file structure for the complex, the changing and the indeterminate」 1965년 20회 ACM National Conference 회보

2 역자주_ Document와 Universe를 합친 말로, 모든 정보와 문서를 하이퍼텍스트로 연결해 거대한 전 세계적인 네트워크를 구성한다는 개념이다.

3 https://www.w3.org/History/1989/proposal.html

개선되어 1996년에 HTTP/1.0이 RFC 1945[4]로 발표되었다.

1.0 버전은 모든 것이 시작된 0.9 버전에 어마어마한 변화를 가져왔다. 0.9 버전의 규격은 한 페이지 정도 분량이었지만, 1.0 버전은 60페이지에 달했다. 가히 장난감 수준에서 쓸 만한 도구 수준으로 발전했다고 할 수 있었다. 1.0 버전은 오늘날 매우 친숙한 다음과 같은 개념을 도입했다.

- 헤더
- 응답 코드Response codes
- 리다이렉트Redirects
- 오류Errors
- 조건부 요청Conditional requests
- 콘텐츠 인코딩encoding(압축compression)
- 더 다양한 요청 메서드Request methods

0.9 버전보다 비약적으로 개선되었지만, HTTP/1.0에도 해결해야 할 결함이 많았다. 여러 요청 사이에 연결을 유지하는 기능이 없었고, Host 헤더가 필수가 아니었으며, 캐싱caching 옵션이 빈약했다. 이 세 항목은 향후 웹의 발전에 큰 영향을 미쳤으며, 반드시 해결해야만 하는 문제였다.

1.2 HTTP/1.1

1.0이 나온 지 얼마 되지 않아 1.1 버전이 발표되었고, 이 프로토콜은 지금까지 20년 넘게 명맥을 유지해오고 있다. 1.1 버전에서는 앞서 언급한 많은 문제점이 고쳐졌다. Host 헤더를 필수 항목으로 지정한 덕분에 가상 호스팅virtual hosting, 즉 하나의 IP 주소로 다수의 웹 프로퍼티property를 제공할 수 있게 되었다. 새 연결 지시자directive를 사용하면 웹 서버는 응답 후에 연결을 끊을 필요가 없다. 브라우저는 더 이상 모든 요청마다 TCP 연결을 재수립하지 않아도 돼 성능과 효율이 대폭 개선되었다.

이 외에도 다음과 같은 변경이 추가로 이루어졌다.

- cacheability 헤더의 확장

---

4 https://tools.ietf.org/html/rfc1945

- OPTIONS 메서드

- Upgrade 헤더

- Range 요청

- Transfer-Encoding 압축

- 파이프라이닝Pipelining

> **NOTE_** 파이프라이닝은 클라이언트client가 모든 요청을 동시에 전송할 수 있는 기능이다. 하지만 파이프라이
> 닝은 몇 가지 문제점이 있어 잘 사용되지 않는다. 서버는 요청을 동시에 받더라도 여전히 순서대로 응답해야
> 한다. 이는 어떤 한 요청을 처리하는 데 시간이 오래 걸리는 경우, 이 HOL 블로킹Head Of Line Blocking 현상으로
> 인해 다른 요청들에 대한 응답도 함께 지연됨을 의미한다. 게다가 인터넷상의 서버와 프락시proxy 중 파이프라
> 이닝을 제대로 구현한 곳은 거의 없으며, 있더라도 제대로 동작하지 않는 경우가 많다.

HTTP/1.1은 HTTP/1.0의 성공의 결과이자, 수년간 1.0 프로토콜을 적용해 얻은 경험의 산물이었다.

HTTP/1.1 RFC

IETFInternet Engineering Task Force는 위원회가 작성한 RFCRequest For Comments라는 초안으로 프로토콜 규격을 발행한다. 이 위원회는 시간과 의지만 있다면 누구든 참여할 수 있다. HTTP/1.1은 RFC 2068에 처음 정의되었고, 이후 RFC 2616으로 대체되었다가, 최종적으로 RFC 7230~7235로 개정되었다.

1.3 HTTP/1.1 이후

1999년, HTTP/1.1을 기술한 RFC 2616에서 현대 웹의 토대가 된 표준이 정의되었다. 마치 바위에 새겨 굳어진 것처럼 HTTP/1.1은 진화하지도 변하지도 않았다. 하지만 웹과 그 사용 방식은 창시자가 상상하지도 못한 방식으로 계속 변해왔다. 일반적인 상거래 사이트의 상호작용과 효용성은 복잡하게 연결된 문서우주라는 기대를 뛰어넘어 우리가 세상에 참여하는 방식을 근본적으로 바꿔놓았다. 현재까지도 존재하는 프로토콜상의 여러 제약에도 이러한 발전은 끊임없이 이루어졌다.

단언할 수 있는 가장 가시적인 변화는 웹 페이지의 구성에 있다. HTTP 아카이브HTTP Archives[5]는 2010년 이후의 자료만 보유하고 있지만 그 비교적 짧은 기간에도 엄청난 변화가 이루어졌음을 보여준다. 웹 페이지에 개체object가 추가될 때마다 페이지는 더 복잡해지고, 한 번에 한 개체만 요청하도록 설계된 이 프로토콜은 갈수록 더 혹사당하고 있다.

1.4 SPDY

2009년, 구글의 마이크 벨시와 로베르토 페온은 HTTP의 대안으로 SPDY[6]를 제시했다. SPDY가 HTTP를 대체하려는 최초 제안은 아니었지만 체감 성능을 실질적으로 개선했기 때문에 가장 중요한 프로토콜이 되었다. SPDY 이전에는 HTTP/1.1을 훼손하거나 호환성을 포기해서라도 개선하려는 업계의 의지가 부족했다. 브라우저, 서버, 프락시, 다양한 네트워크 장비들 모두에 변경을 적용하는 데 매우 많은 노력이 필요해 보였다.

하지만 SPDY가 모든 걸 바꿔놓았다. SPDY는 더 효율적인 것에 대한 욕구와 변경에 대한 의지가 업계에 존재한다는 사실을 증명했다. SPDY는 HTTP/2의 기틀을 마련했으며 무엇보다도 다중화multiplexing, 프레이밍framing, 헤더 압축header compression과 같은 몇 가지 핵심 기능이 성공적임을 증명했다. 크롬과 파이어폭스는 재빨리 SPDY를 지원했고, 결국에는 주요 브라우저 대부분이 SPDY를 채택했다. 또한, 많은 서버와 프락시도 이에 보조를 맞추어 SPDY를 지원해야만 했다.

1.5 HTTP/2

2012년 초, 차세대 HTTP 프로토콜을 재정할 HTTP 워킹 그룹(HTTP 규격을 담당하는 IETF 그룹)을 재구성했다. 워킹 그룹 활동 계획안[7] 중 다음과 같은 핵심 부분이 새 프로토콜에 대한 그들의 기대감을 잘 보여준다.

---

5 역자주_ http://httparchive.org. 2010년 이후의 전 세계 웹사이트의 변화 과정과 관련 통계를 수집하여 제공하고 있다.
6 http://bit.ly/2oi9ZS9
7 http://bit.ly/2oid6cP

HTTP/2.0[8]은 다음을 목표로 한다.

- 대부분의 경우에서 최종 사용자의 체감 지연 시간latency을 TCP를 사용하는 HTTP/1.1보다 실질적으로 현저히 개선한다.

- HTTP의 'HOL 블로킹' 문제를 해결한다.

- 병렬 처리를 위해 서버에 다중 연결할 필요가 없다. TCP의 사용, 특히 혼잡 제어Congestion Control와 관련한 동작을 개선한다.

- HTTP/1.1의 의미 체계를 유지한다. HTTP 메서드, 상태 코드, URI, 헤더 필드 외에도 기존에 문서화된 것을 최대한 활용한다.

- HTTP/2.0이 HTTP/1.x와 호환성을 유지하는 방법, 특히 중재자intermediary를 명확히 정의한다(1→2 및 2→1 양방향).

- 새로운 확장 기능과 정책을 적절히 사용할 수 있도록 명확하게 한다.

HTTP/2.0의 제안 요청서가 송부되었고, SPDY를 HTTP/2.0의 시작점으로 사용하기로 결정되었다. 2015년 5월 14일, 마침내 RFC 7540이 발행되어 HTTP/2가 공식화되었다.

나머지 내용은 이 책 곳곳에서 계속 소개할 것이다.

---

8 역자주_ 공식 명칭은 .0이 삭제된 HTTP/2지만 필자는 문맥상 필요한 곳에서 .0을 붙여 표기한다. 자세한 내용은 5.2절 '연결'의 '숨겨진 메시지?'를 참고

CHAPTER 2

HTTP/2 맛보기

우리는 보통 새롭고 반짝이는 무언가를 처음 접할 때, 안내문, 유지보수 정보, 안전 권고문을 읽느라 몇 시간을 할애하지는 않는다. 포장을 뜯고, 플러그를 꽂고, 전원을 켠 후, 포장 박스의 광고대로 신비로운 체험을 바로 시작하고 싶어 한다. HTTP/2(h2)도 이와 다를 게 없다.

이제 시작해보자.

2.1 서버 구동하기

독자들은 HTTP/2를 일상적으로 접해왔을 가능성이 크다. 최신 브라우저(엣지, 사파리, 파이어폭스, 크롬 등)를 열고 페이스북, 인스타그램, 트위터와 같은 주요 웹사이트로 가보라. 본인도 모르는 사이에 h2를 경험하게 될 것이다. 하지만 이 책은 단순히 h2 웹사이트를 소개하기보다는 h2 내부를 설명하고 독자들이 활용하도록 돕기 위해 만들어졌기 때문에 h2로 동작하는 차세대 웹사이트를 운영할 서버를 구동해보자.

h2 서버를 구동하려면 두 가지 절차를 거쳐야 한다.

- h2로 통신하는 웹 서버 설치하기
- 브라우저가 서버와 h2로 통신하기 위한 TLS 인증서 발급 및 설치하기

이 두 절차 모두 쉽지는 않지만 우리는 가능한 한 단순하게 만들어볼 것이다. 이 내용은 7.4절

'서버, 프락시, 캐시'에서 더 자세히 살펴보겠지만, 이번 장이 끝나면 h2 서버 한 대를 구동하게 될 것이다.

2.2 인증서 발급받기

인증서 관련 작업은 책 한 권으로 다룰 수 있을 만큼 방대하다. 그러므로 이론을 건너뛰고 가능한 빨리 시험용 인증서를 발급받아보자. 인증서를 얻는 세 방법으로, 온라인 생성기를 사용하는 방법, 자체 인증서 생성 방법, 인증 기관Certificate Authority, CA(여기서는 'Let's Encrypt'를 사용할 것이다)을 통한 인증서 발급 방법을 살펴볼 것이다. 처음 두 방법은 이른바 자체 서명된 인증서를 생성하며, 시험 목적으로만 쓸 수 있다는 점을 염두에 두어야 한다. 자체 서명된 인증서는 CA가 서명한 인증서가 아니므로 웹 브라우저에서 경고 메시지가 나타날 것이다.

2.2.1 온라인 생성기 사용하기

자체 서명된 인증서를 생성해주는 온라인 사이트가 많다. 안전한 환경에서 개인키를 생성하는 것이 아니니 이 인증서는 지금처럼 시험 목적 외에는 사용하면 안 된다. 웹에서 검색하면 생성기 사이트 몇 군데를 바로 찾을 수 있을 것이다. 그중 한 군데가 https://www.sslchecker.com/csr/self_signed다.

화면 안내를 따라 생성한 인증서와 키를 2개의 로컬 파일로 저장하면 된다. 각 파일명은 cert.pem과 privkey.pem이면 적절하다.

2.2.2 자체 서명하기

https://www.openssl.org에서 제공하는 openssl은 매우 널리 사용되며 쉽게 구할 수 있는 도구다. 거의 모든 주요 플랫폼을 지원한다. openssl로 자체 서명된 인증서와 키를 생성하는 방법을 알아보자. 유닉스/리눅스 또는 macOS 계열 시스템을 사용한다면 openssl이 이미 설치되었을 가능성이 매우 크다. 터미널을 열고 다음을 따라 해보라.

```
$ openssl genrsa -out privkey.pem 2048
$ openssl req -new -x509 -sha256 -key privkey.pem -out cert.pem -days 365 \
    -subj "/CN=fake.example.org"
```

privkey.pem이라는 새 키 하나와 cert.pem이라는 새 인증서 하나가 생성될 것이다.

2.2.3 Let's Encrypt

Let's Encrypt는 2015년 가을에 공개 베타 서비스를 시작한 신생 인증 기관이다. 누구나 쉽고 자동화된 방식으로 저렴하게(무료로) TLS 인증서를 사용할 수 있게 하려는 목적으로 설립됐다. 이는 'TLS Everywhere' 운동의 핵심이며, 모든 웹 통신은 항상 암호화되고 인증되어야 한다는 믿음을 바탕으로 한다. 여기에서는 인증서를 '쉽게' 얻을 수 있다는 점이 가능한 한 빨리 서버를 구동하려는 우리의 목적에 부합한다.

Let's Encrypt와 연동하는 클라이언트와 라이브러리가 많지만[1], EFF^{Electronic Frontier Foundation}는 certbot[2]이라는 Let's Encrypt 권장 클라이언트를 제공한다. certbot은 인증서를 발급한 후 웹 서버에 설치하기까지 모든 것을 대신 처리해주어 인증서 발급과 관리 절차를 완전히 자동화해준다.

> **NOTE_** Let's Encrypt에서 인증서를 발급받으려면 도메인의 소유권을 인증해야 한다. 이는 DNS나 웹 서버를 수정해 발급 신청자가 도메인의 소유권을 가지고 있음을 입증해야 한다는 의미다. 도메인이 없거나 귀찮은 절차를 피하고 싶다면 간단히 앞에 소개한 자체 서명 방식을 사용하는 게 낫다.

설명서를 따라 원하는 운영체제용 certbot을 내려받자. 이번 장의 목적상, 어떤 웹 서버를 사용할지는 신경 쓰지 않아도 된다. 리눅스 계열 대부분에서 가장 간단한 방법은 웹 서버가 동작 중인 시스템에서 다음 명령어를 입력하는 것이다.

```
$ wget https://dl.eff.org/certbot-auto
$ chmod a+x certbot-auto
```

---

[1] https://community.letsencrypt.org/t/list-of-client-implementations/2103
[2] https://certbot.eff.org/

내려받기가 완료되면, 다음처럼 certbot-auto를 실행한다.

```
$ ./certbot-auto certonly --webroot -w <웹 루트 경로> -d <도메인>
```

웹 서버 파일시스템 루트 경로와 도메인은 여러분의 정보로 입력하자. 필요한 모든 패키지가
자동으로 설치되고 몇 가지 질문에 답하면, 마침내 Let's Encrypt의 인증서가 발급될 것이다.
새로 발급받은 인증서와 개인키는 /etc/letsencrypt/live/<도메인>에 저장된다.

파일	설명
/etc/letsencrypt/live/<도메인>/privkey.pem	인증서의 개인키 파일
/etc/letsencrypt/live/<도메인>/cert.pem	새 인증서 파일
/etc/letsencrypt/live/<도메인>/chain.pem	Let's Encrypt CA 체인[chain] 파일
/etc/letsencrypt/live/<도메인>/fullchain.pem	새 인증서와 체인을 하나로 통합한 파일

2.3 첫 번째 HTTP/2 서버 구동하기

HTTP/2로 통신하는 웹 서버는 상당히 많다(7.4절 '서버, 프락시, 캐시'에서 다양한 서버를 설
명한다). 여기에서는 빠르고 쉽게 서버를 구동하는 것이 목적이므로, nghttp2 패키지를 사용
할 것이다. 다츠히로 츠지카와[Tatsuhiro Tsujikawa]가 개발한 nghttp2[3]는 h2로 작업하고 디버깅하는
유용한 도구를 많이 제공한다. 지금부터는 nghttpd 도구에 집중할 것이다.

nghttp2는 8.4절 'nghttp2'에서 상세히 다루므로 이번 절에서는 간단히 살펴보자. 선호하
는 패키지 관리자를 사용하거나 소스를 컴파일해 nghttp2를 설치하면 된다. 예를 들어, 우분
투[Ubuntu] 16에서는 다음 명령어를 실행한다.

```
$ sudo apt-get install nghttp2
```

---

3 https://nghttp2.org

설치가 완료되면, 발급받은 인증서로 nghttpd를 실행한다.

```
$ ./nghttpd -v -d 〈웹 루트〉 〈포트〉 〈키〉 〈인증서〉
```

〈웹 루트〉는 웹사이트의 문서 경로, 〈포트〉는 서버가 수신 대기할 포트 번호, 〈키〉와 〈인증서〉는 앞서 생성한 개인키와 인증서 파일의 경로다.

예를 들면 다음과 같다.

```
$ ./nghttpd -v -d /usr/local/www 8443 \
    /etc/letsencrypt/live/yoursite.com/privkey.pem \
    /etc/letsencrypt/live/yoursite.com/cert.pem
```

2.4 브라우저 선택하기

드디어 그동안의 노력에 대한 보상의 시간이 왔다. 최신 브라우저를 하나 골라 새 서버로 접속해보라. HTTP/2를 지원하는 브라우저의 전체 목록은 7.1절 '데스크톱 웹 브라우저'에서 확인할 수 있다. 자체 서명된 인증서를 생성했다면 보안 경고 메시지가 나타날 것이다. 생성한 인증서에 관한 경고 메시지를 확인한 후 승인하면 독자들의 웹사이트를 볼 수 있을 것이다.

이제 독자들의 웹사이트는 h2로 서비스 중인 것이다!

CHAPTER 3

웹을 파헤치는 이유와 방법

(비교적) 오래된 프로토콜을 사용해 현대 웹 페이지를 빠르게 전송하는 일은 줄타기 곡예를 하는 것과 비슷하다. 웹 성능 기술자의 전문 역량으로만 이러한 웹 페이지의 성능을 유지해오고 있는 셈이다. 오라일리O'Reilly의 벨로시티 콘퍼런스Velocity conference 시리즈가 생겨난 것도 부분적으로는 이 낡은 프로토콜을 최대한 활용하는 다양한 기법과 팁을 공유하려는 사람들 때문이라고 할 수 있다. 우리가 가고 있는 곳(즉, HTTP/2)을 이해하려면, 우리가 현재 있는 곳, 우리가 직면한 문제, 우리가 현재 그 문제를 다루고 있는 방법을 먼저 이해하는 것이 중요하다.

3.1 오늘날의 성능 문제

현대의 웹 페이지나 웹 애플리케이션을 전송하는 일은 결코 간단한 문제가 아니다. 페이지 내 수백 개의 개체, 수천 개의 도메인, 변동이 심한 네트워크, 광범위한 디바이스 기능이 존재하는 환경에서 일관되고 빠른 웹 경험을 만들어내는 것은 쉬운 일이 아니다. 웹 페이지를 가져와 렌더링rendering하는 데 필요한 여러 단계뿐 아니라 단계마다 내재된 문제를 이해하는 것은 웹사이트와 상호 작용하는 사용자를 불편하지 않게 하는 데 가장 중요한 부분이다. 또한 HTTP/2를 만든 이유를 이해하는 데 필요한 통찰력을 얻고, HTTP/2의 상대적 장점을 평가할 수 있을 것이다.

3.1.1 웹 페이지 요청의 구조

깊이 들어가기 전에 먼저, 우리가 최적화하려는 대상, 특히 사용자가 웹 브라우저에서 링크를 클릭한 때부터 화면에 웹 페이지가 표시될 때까지 일어나는 일을 기본적으로 이해하는 것이 중요하다. 브라우저는 웹 페이지를 요청^{request}할 때, 화면에 페이지를 표시하는 데 필요한 모든 정보를 가져오기 위해 반복적인 절차를 거친다. 이는 개체를 반입하는^{fetching} 로직과 페이지를 파싱^{parsing}/렌더링하는 로직, 두 부분으로 나누어 생각하는 게 더 쉽다. 반입 로직 먼저 살펴보자. [그림 3-1]은 이 절차의 구성 요소를 보여준다.

그림 3-1 개체 요청/반입 흐름도

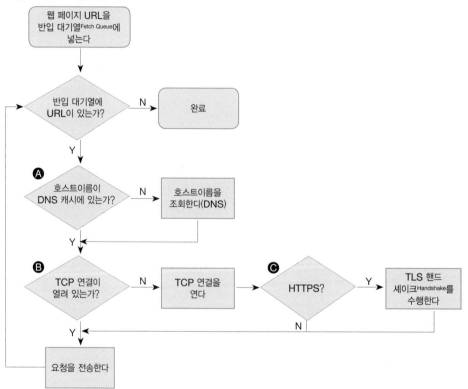

위 흐름도를 단계별로 살펴보자.

1 가져올 URL을 대기열에 넣는다.

2 URL 내의 호스트이름의 IP 주소를 조회한다(A).

3 호스트로 TCP 연결을 연다(B).

4 요청이 HTTPS라면, TLS 핸드셰이크를 완료한다(C).

5 기준 페이지 URL에 대한 요청을 전송한다.

[그림 3-2]는 응답을 수신하여 페이지를 렌더링하는 절차를 보여준다.

그림 3-2 개체 응답/페이지 렌더링 흐름도

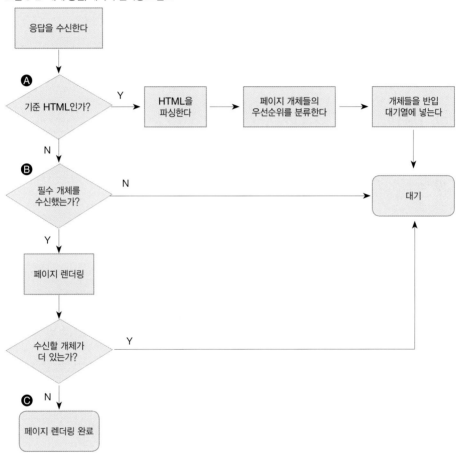

계속해서 흐름도를 살펴보자.

6 응답을 수신한다.

7 기준 HTML이라면, HTML을 파싱하여 우선순위에 따라 페이지의 개체들의 반입을 시작한다(A).

8 페이지의 필수 개체를 수신했다면, 화면 렌더링을 시작한다(B).

9 추가 개체를 수신하면, 끝날 때까지 파싱과 렌더링을 계속한다(C).

앞의 절차는 페이지를 클릭할 때마다 반복되어야 한다. 이 반복적인 절차는 네트워크와 디바이스 자원에 부담을 준다. 이 중 어느 단계든 최적화하거나 제거하는 일이 웹 성능 튜닝이라는 예술에 핵심적인 부분이다.

3.1.2 중요 성능

앞의 두 그림에서 웹 성능에 중요한 부분과 앞으로 집중적으로 살펴봐야 할 부분을 이끌어낼 수 있다. 먼저 웹 페이지를 불러오는 데 전반적인 영향을 미치는 네트워크 수준의 지표부터 시작해보자.

- **지연 시간**

  지연 시간이란 IP 패킷이 한 지점에서 다른 지점으로 이동하는 데 걸리는 시간을 말한다. 이와 관련된 것으로 왕복 시간Round-Trip Time, RTT이라는 것이 있으며, 지연 시간의 2배를 의미한다. 지연 시간은 성능의 주요 병목점이며, 서버까지 많은 왕복이 이루어지는 HTTP와 같은 프로토콜에서 특히 더 그러하다.

- **대역폭**

  두 지점 사이의 연결은 포화 상태가 되기 직전까지의 데이터양만 동시에 처리할 수 있다. 웹 페이지의 데이터양과 연결의 용량에 따라 대역폭Bandwidth이 성능의 병목점이 될 수도 있다.

- **DNS 조회lookup**

  클라이언트가 웹 페이지를 가져올 수 있으려면 인터넷의 전화번호부(이 비유를 이해하는 독자들이 있을 것이다)인 DNSDomain Name System를 사용해 호스트이름을 IP 주소로 변환해야 한다. 이 절차는 가져온 HTML 페이지에 있는 모든 고유한 호스트이름에 대해 이루어져야 하며, 다행히 호스트이름당 한 번만 하면 된다.

- **연결 시간**

  연결을 수립하려면 클라이언트와 서버 사이에 '3방향 핸드셰이크three-way handshake'라는 메시지 주고받기(왕복)가 필요하다. 이 핸드셰이크 시간은 보통 클라이언트와 서버 사이의 지연 시간과 관련이 있다. 핸드셰이크를 위해서는, 클라이언트가 서버로 SYNSynchronize 패킷을 전송하고, 서버는 그 SYN에 대한 서버의 ACKAcknowledgement와 SYN 패킷을 클라이언트로 전송하며, 클라이언트는 다시 SYN에 대한 ACK를 서버로 전송한다. [그림 3-3]을 보라.

- **TLS 협상 시간**

  클라이언트가 HTTPS 연결을 하고 있다면, SSLSecure Socket Layer의 후속 프로토콜인 TLSTransport Layer Security 협상이 필요하다. 이 때문에 서버와 클라이언트의 처리 시간에 왕복 시간이 더 추가된다.

그림 3-3 TCP 3방향 핸드셰이크

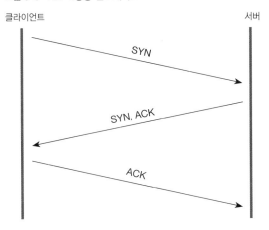

이 시점에 클라이언트는 아직 요청을 보내지도 않았으며, DNS 왕복 시간과 TCP와 TLS를 위한 추가 시간이 이미 소요되었다. 다음으로, 네트워크보다는 서버 자체의 내용이나 성능에 좀 더 의존적인 지표를 살펴보자.

- **TTFB**Time To First Byte

  TTFB는 클라이언트가 웹 페이지 탐색을 시작한 때부터 기준 페이지 응답의 첫 번째 바이트를 수신한 때까지 걸린 시간을 측정한 것이다. 이것은 서버의 처리 시간뿐만 아니라 앞서 소개한 여러 지표를 합한 값이다. 한 페이지에 여러 개체가 있는 경우, TTFB는 브라우저가 요청을 전송한 시점부터 첫 번째 바이트가 되돌아온 시점까지의 시간을 측정한다.

- **콘텐츠 다운로드 시간**

  이것은 요청한 개체에 대한 TTLBTime To Last Byte다.

- **렌더링 시작 시간**Start Render Time

  클라이언트가 사용자를 위해 얼마나 빨리 화면에 무언가를 표시할 수 있는가? 이것은 사용자가 얼마나 오랫동안 빈 페이지를 바라보았는지를 측정한 것이다.

- **문서 완성 시간(또는 페이지 로딩 시간**Page Load Time**)**

  이것은 클라이언트가 페이지 표시를 완료한 시간이다.

웹 성능을 들여다볼 때, 특히 더 빠르게 동작하는 새로운 프로토콜을 만드는 것이 목적이라면 이 지표들을 반드시 염두에 두어야 한다. HTTP/1.1이 직면한 문제들과 다른 무언가가 필요한 이유를 논의할 때 이들을 다시 참조할 것이다.

이 지표들 외에도, 인터넷은 성능상의 병목을 유발하는 요소들이 갈수록 증가하고 있다. 다음은 이러한 증가하는 요소들 중 기억해두어야 할 몇 가지다.

- **바이트 수의 증가**

  매년 페이지 크기, 이미지 크기, 자바스크립트와 CSS의 크기가 증가하고 있음은 자명한 사실이다. 크기가 커진다는 것은 내려받을 바이트 수가 더 많아지고 페이지 로딩 시간이 더 오래 걸린다는 것을 의미한다.

- **개체 수의 증가**

  개체는 크기가 커지기보다는 수가 더 많아지고 있다. 더 많은 개체 수는 모든 것을 가져와 처리하는 데 전체적으로 더 오랜 시간이 걸리게 한다.

- **복잡도의 증가**

  더 많고 풍부한 기능을 추가할수록 페이지와 그 종속 개체들은 점점 더 복잡해진다. 복잡해질수록 페이지를 계산하고 렌더링하는 시간이 늘어나며, 처리 능력이 떨어지는 모바일 디바이스에서 특히 더 그러하다.

- **호스트 수의 증가**

  웹 페이지는 개별 호스트에서 가져온 것이 아닐뿐더러, 대부분의 페이지는 수많은 참조 호스트가 있다. 각 호스트이름은 추가적인 DNS 조회 시간, 연결 시간, TLS 협상 시간을 의미한다.

- **TCP 소켓 수의 증가**

  이러한 증가하는 요소들을 해결하려고, 클라이언트는 호스트마다 여러 개의 소켓을 연다. 이는 호스트당 연결 협상 오버헤드를 증가시키고, 디바이스의 부하를 가중시키며, 잠재적으로 네트워크 연결 과부하를 일으켜, 재전송과 버퍼블로트^{bufferbloat}로 인한 실효 대역폭 저하를 유발한다.

3.1.3 HTTP/1의 문제점

HTTP/1은 우리를 현재의 웹 환경으로 이끌어주었지만 그 설계상의 한계로 현대 웹의 요구를 충분히 충족시키지는 못하고 있다. 다음은 HTTP/1 프로토콜이 가진 중요한 문제이자 결국 HTTP/2가 설계적으로 해결한 핵심 문제들이다.

> **NOTE_** HTTP/1이라는 것은 없다. 여기서는 HTTP/1(h1)을 HTTP/1.0(RFC 1945)과 HTTP/1.1(RFC 2616)의 통칭으로 사용한다.

HOL 블로킹

브라우저는 특정 호스트에서 단 하나의 개체만 가져오려고 하지 않는다. 브라우저는 대개 한

번에 많은 개체를 가져오려고 한다. 특정 도메인에 모든 이미지를 넣어둔 웹사이트 하나를 생각해보자. HTTP/1은 그 이미지들을 동시에 요청하는 어떠한 메커니즘도 제공하지 않는다. 단일 연결상에서 브라우저는 요청 하나를 보내고 그 응답을 수신한 후에야 또 다른 요청을 보낼 수 있다. h1은 브라우저가 많은 요청을 한 번에 보낼 수 있게 해주는 파이프라이닝^{pipelining}이라는 기능이 있지만, 브라우저는 여전히 전송된 순서대로 하나씩 응답을 수신한다. 추가로, 파이프라이닝은 상호 운용성과 배포 측면에서 사용하기 어렵게 하는 여러 문제가 있다.

이러한 여러 요청이나 응답 중 어디엔가 문제가 발생하면 그 요청/응답을 뒤따르는 다른 모든 것들은 막혀버린다. 이 현상을 HOL 블로킹^{Head of line blocking}이라고 한다. 이 때문에 웹 페이지의 전송과 렌더링이 중단될 수 있다. 요즘 브라우저는 특정 호스트에 최대 6개의 연결을 열고 각 연결로 요청을 전송해 어느 정도 병렬 처리가 가능하다. 하지만 각 연결은 여전히 HOL 블로킹의 영향을 받을 수 있다. 게다가 이는 제한된 디바이스 자원을 적절히 사용하는 방법이 아니다. 다음 절에서 그 이유를 설명한다.

TCP의 비효율적 사용

TCP^{Transmission Control Protocol}는 보수적인 환경을 가정하고 네트워크상의 다양한 트래픽 용도에 공평하게 동작하도록 설계되었다. TCP의 혼잡 회피^{congestion avoidance} 메커니즘은 최악의 네트워크 상태에서 동작하도록 만들어졌고, 경쟁적인 요구가 있는 환경에서 비교적 공평하게 동작한다. 이것이 TCP가 성공적이었던 이유 중 하나로, TCP가 데이터를 전송하는 가장 빠른 방법이라기보다는 가장 신뢰성 있는 방법이기 때문이다. 여기에서 핵심은 혼잡 윈도우^{congestion window}라는 개념이다. 혼잡 윈도우는 수신자가 확인(ACK)하기 전까지 송신자가 전송할 수 있는 TCP 패킷의 수를 의미한다. 예를 들어, 혼잡 윈도우가 1로 설정되어 있다면, 송신자는 단 하나의 패킷만 전송하며, 그 패킷에 대한 수신자의 확인을 받아야만 또 다른 패킷을 전송할 것이다.

패킷이란 무엇인가?

패킷, 더 구체적으로 IP^{Internet Protocol} 패킷은 패킷의 길이, 전송 방법(출발지와 목적지), TCP 통신에 필요한 여러 항목을 정의하고 있는 구조(프레임)로 캡슐화된 bytes의 모음(페이로드^{payload})이다. 패킷의 페이로드 하나에 넣을 수 있는 가장 큰 데이터의 크기는 1,460 bytes다. 14,600 bytes의 이미지가 있는가? 그렇다면 그 이미지는 패킷 10개로 나누어질 것이다. 패킷(그리고 이 절에서 소개하는 다른 정보)을 이해하고 나면 인터넷 성능 수치를 들여다볼 수 있다.

한 번에 하나의 패킷만 전송하는 것은 매우 비효율적이다. TCP는 현재 연결에 알맞은 혼잡 윈도우의 크기를 결정하기 위한 느린 시작Slow Start이라는 개념이 있다. 느린 시작의 설계 목적은 새로운 연결이 네트워크의 상태를 감지해 이미 혼잡한 네트워크를 악화시키지 않게 하는 것이다. 느린 시작을 통해, 송신자는 ACK를 수신할 때마다 패킷 수를 늘려서 전송할 수 있다. 이는 새로운 연결에서 첫 번째 ACK를 수신한 다음, 송신자는 두 개의 패킷을 전송할 수 있으며, 그 두 개의 패킷이 확인되면 다시 네 개의 패킷을 전송할 수 있음을 의미한다. 이 기하급수적인 증가는 얼마 되지 않아 프로토콜에 정의된 상한선에 도달하며, 그 시점에 이 연결은 이른바 혼잡 회피congestion avoidance 단계로 들어갈 것이다. [그림 3–4]를 보라.

그림 3-4 TCP 혼잡 제어(리노Reno 알고리즘)

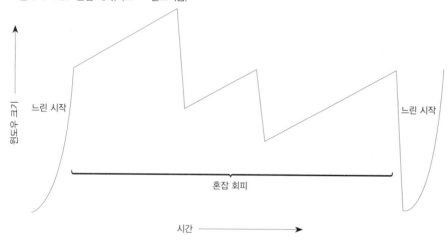

최적의 혼잡 윈도우 크기를 얻는 데 몇 번의 왕복이 필요하다. 또한 성능 문제를 해결하는 데 그 몇 번의 왕복은 중요한 시간이다. 현대의 운영체제는 보통 4에서 10의 초기 혼잡 윈도우 크기를 사용한다. 패킷의 크기가 최대 크기인 약 1,460 bytes라면, 송신자는 5,840 bytes만 전송한 후 ACK를 기다려야 한다. 요즘의 웹 페이지는 HTML과 모든 종속 개체를 포함해 평균 약 2MB의 데이터가 있다. 이상적인 환경에서 운이 따라 준다면, 이는 페이지를 전송하는 데 약 9번의 왕복 시간이 소요될 것임을 의미한다.

게다가 브라우저는 특정 호스트에 대해 보통 6개의 연결을 열고 있으므로, 각 연결마다 이러한 혼잡 제어를 해야 한다.

패킷 계산

앞의 숫자들은 어떻게 나온 것일까? 계산 방법을 이해하면 더 많거나 더 적은 바이트를 전송할 때의 성능 영향도를 추정하는 데 도움이 된다. 왕복 때마다 혼잡 윈도우는 2배가 되고 모든 패킷의 크기는 1,460 bytes라고 가정한다. 이상적인 시나리오에서는 다음 표와 유사하게 예측할 수 있다.

왕복	전송된 패킷 수	전송된 최대 바이트 수	전송된 총 바이트 수
1	4	5,840	5,840
2	8	11,680	17,520
3	16	23,360	40,880
4	2	46,720	87,600
5	64	93,440	181,040
6	128	186,880	367,920
7	256	373,760	741,680
8	512	747,520	1,489,200
9	1,024	1,495,040	2,984,240

9번째 왕복 후에야 2MB 데이터가 전송 완료될 것이다. 안타깝게도 이는 실제 상황을 지나치게 단순화한 것이다. 윈도우 크기가 1,024에 도달하기도 전에 ssthresh라는 임계값에 도달하거나 패킷 손실이 생기게 되며, 둘 중 어느 경우든 이 기하급수적인 증가는 중단될 것이다. 하지만 이 책의 목적에서는 이러한 단순한 접근법이면 충분하다.

NOTE_ 전통적인 TCP 구현은 패킷 손실을 피드백 메커니즘으로 사용하는 혼잡 제어 알고리즘을 채택하고 있다. 패킷이 손실되었다고 판단되면 이 알고리즘은 혼잡 윈도우를 줄이도록 반응한다. 이는 어두운 방을 돌아다니면서 정강이가 커피 테이블에 부딪히면 방향을 바꾸는 것과 유사하다. 예상 응답이 제시간 안에 오지 않아 시간이 초과되면 이 알고리즘은 혼잡 윈도우를 완전히 재설정하고 다시 느린 시작에 들어갈 것이다. 최근 알고리즘은 더 나은 피드백 메커니즘을 제공하려고 지연 시간과 같은 다른 요소들도 고려한다.

앞서 언급한 바와 같이, h1은 다중화를 지원하지 않기 때문에, 브라우저는 특정 호스트에 보통 6개의 연결을 연다. 이는 혼잡 윈도우 널뛰기가 동시에 6번 일어나야 함을 의미한다. TCP는 이 연결들이 함께 잘 동작하게는 해주지만 이들이 최적의 성능을 발휘하도록 보장하지는 못한다.

비대한 메시지 헤더

h1은 요청된 개체를 압축하는 메커니즘을 제공하긴 하지만 메시지 헤더를 압축하는 방법은 없다. 실제로 헤더는 크기가 증가할 수 있다. 응답 패킷에서는 개체 크기 대비 헤더 크기의 비율이 매우 낮지만, 요청 패킷에서는 헤더가 대부분(전체는 아닐지라도)의 바이트를 차지한다. 쿠키가 있는 경우, 요청 헤더의 합이 수 킬로바이트 크기로 커지는 것은 이상한 일이 아니다.

HTTP 아카이브에 따르면, 2016년 말 현재, 요청 헤더의 평균 크기는 약 460 bytes다. 140개의 개체가 있는 일반적인 웹 페이지의 경우, 요청 헤더의 전체 크기는 약 63KB가 된다. TCP 혼잡 윈도우 제어에 관한 논의를 다시 떠올려보면, TCP가 해당 개체에 대한 요청을 보내는 데만 3~4번의 왕복이 필요할 수 있다. 네트워크 지연으로 인한 손해는 빠르게 누적되기 시작한다. 또한, 업로드 대역폭은 보통 네트워크의 제약을 받기 때문에(특히, 모바일 환경인 경우), 혼잡 윈도우의 크기가 처음부터 충분히 커지지 않아 더 많은 왕복을 유발할 수 있다.

헤더 압축 기능이 없기 때문에, 클라이언트가 대역폭 제한에 걸릴 수도 있다. 이는 저대역폭 또는 과밀 링크에서 특히 더 그러하다. 대표적인 예가 바로 '경기장 효과Stadium Effect'다. 수만 명의 사람들이 동시에 같은 장소에 있을 때(주요 스포츠 경기 등), 모바일 통신 대역폭은 빠르게 소진된다. 헤더를 압축해 요청 크기를 줄이면 이와 같은 상황에서 도움이 되며 시스템 부하도 전반적으로 줄어들 것이다.

제한적인 우선순위

브라우저가 하나의 호스트에 다수의 소켓(이 소켓들은 각각 HOL 블로킹을 겪는다)을 열고 개체를 요청하기 시작할 때, 그 요청들의 우선순위를 지정하기 위한 옵션은 매우 제한적인데, 그것은 바로 요청을 보내거나 보내지 않거나 둘 중 하나다. 페이지에서 어떤 개체는 다른 개체보다 훨씬 더 중요하다. 브라우저는 높은 우선순위의 개체를 먼저 가져오려고 다른 개체에 대한 요청을 보류하는데, 그러는 동안 우선순위가 낮은 개체들은 줄줄이 대기 상태로 빠지게 된다. 이로 인해 브라우저가 높은 우선순위 항목을 기다리는 동안 서버는 낮은 우선순위 항목을 처리할 기회를 얻지 못해 페이지 다운로드 시간이 전체적으로 길어질 수 있다. 또는, 브라우저가 페이지를 처리하는 방식 때문에, 브라우저가 높은 우선순위 개체를 발견했어도 이미 반입된 낮은 우선순위 항목 뒤에서 높은 우선순위 개체가 막혀버리는 경우도 있다.

서드파티 개체

특별히 HTTP/1의 문제점은 아니지만, 성능 문제로 대두되고 있는 것을 설명할 것이다. 현대 웹 페이지에서 요청되는 것 중에는 웹 서버의 제어 범위에서 완전히 벗어나 있는 것들이 많으며, 이를 서드파티 개체라고 한다. 서드파티 개체의 탐색과 처리는 보통 요즘의 웹 페이지를 불러오는 데 소요되는 시간의 절반을 차지한다. 서드파티 개체가 페이지 성능에 미치는 영향을 최소화하려는 기법이 많이 있다. 하지만 웹 개발자가 직접 제어할 수 있는 범위를 벗어난 콘텐츠가 많은 경우, 그 개체들 중 일부는 성능을 저하시키고 페이지 렌더링을 지연 또는 중단시킬 가능성이 있다. 웹 성능에 관한 어떠한 논의도 이 문제를 언급하지 않고는 끝나지 않을 것이다 (미리 알려주는데, h2도 이 문제를 처리할 마법의 해결책은 없다).

서드파티 개체에 치르는 대가

서드파티 개체가 웹 페이지를 얼마나 느리게 할까? 아카마이의 파운드리팀이 수행한 한 연구에 따르면, 서드파티 개체는 보통 전체 페이지 로딩 시간의 절반을 차지할 정도로 그 영향이 매우 크다[1]. 이 연구는 서드파티 개체의 영향도를 추적하기 위한 '3rd Party Trailing Ratio'라는 새로운 지표를 제안했는데, 이 지표는 서드파티 콘텐츠의 반입과 표시가 페이지 렌더링 시간에 영향을 미치는 비율을 측정한 것이다.

3.2 웹 성능 기법

2000년대 초, 야후에서 일하던 스티브 사우더스와 그의 팀은 클라이언트 웹 브라우저에 웹 페이지를 더 빠르게 불러오는 기법을 제시하고 그 효과를 측정했다. 그는 이 연구를 바탕으로 『웹

---

1 http://akamai.me/2oEl9k9

사이트 최적화 기법』(ITC, 2008)[2]과 그 속편인 『초고속 웹사이트 구축』(위키북스, 2010)[3]이라는 2권의 독창적인 책을 썼으며, 이 두 책은 웹 성능 기술 발전의 초석을 마련했다.

그 이후, 더 많은 연구를 통해 전환율[conversion rate], 사용자 참여율, 브랜드 인지도 측면에서 성능이 웹사이트 소유자의 수익에 직접적인 영향을 미친다는 사실이 확인되었다. 2010년, 구글은 검색 엔진에서 URL 순위를 산출하는 주요 파라미터로 성능을 추가했다[4]. 대부분 사업에서 웹사이트를 보유하는 것이 계속 더 중요해지면서, 웹사이트 성능을 이해하고, 측정하고, 최적화하는 일도 중요해지고 있다.

이번 장 앞에서 논의한 바와 같이, 웹 페이지 대부분의 경우, 브라우저 시간의 대부분은 호스팅 인프라에서 가져온 초기 콘텐츠(보통 HTML)를 표시하기보다는, 모든 콘텐츠를 가져와 클라이언트에서 페이지를 렌더링하는 데 소요된다. 이 사실이 [그림 3-5][5]의 도표에 나타나 있다.

그림 3-5 프론트엔드 및 백엔드 시간 흐름도

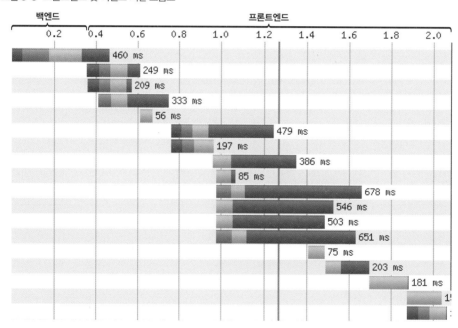

---

2 http://oreil.ly/2pr0pQN

3 http://oreil.ly/2oni2ML

4 http://bit.ly/2pudXbs

5 http://stevesouders.com/images/golden-waterfall.png

그 결과, 웹 개발자들은 클라이언트의 네트워크 지연을 줄이고 페이지 렌더링 시간을 최적화하는 방식으로 성능을 개선하는 데 점점 더 많은 관심을 기울이고 있다. 문자 그대로, 시간은 돈이다.

3.2.1 웹 성능 모범 사례

앞서 언급한 것처럼, 웹은 상당히 많이 변해왔으며, 최근 몇 년 동안 그 변화가 더 심했다. 비교적 최근의 모바일 디바이스의 보급, 자바스크립트 프레임워크의 발전, HTML 사용법의 진화를 고려해, 앞서 소개한 책들에 제시된 원칙을 다시 논의하고, 업계에서 사용하는 최신 최적화 기법을 알아둘 필요가 있다.

DNS 조회를 최적화하라

DNS 조회는 호스트와 연결이 수립되기 전에 이루어져야 하므로, 이 조회 절차는 가능한 한 빨라야 한다. 다음 모범 사례를 살펴보자.

- 고유한 도메인/호스트이름의 수를 제한하라. 물론, 이는 항상 제어할 수 있는 것은 아니다. 하지만 HTTP/2로 넘어가면 고유한 호스트이름 수의 상대적인 성능 영향도는 더 커질 것이다.
- 조회 지연 시간을 줄여라. DNS를 제공하는 인프라의 토폴로지^{topology}를 이해하고 모든 최종 사용자의 위치에서 정기적으로 조회 소요 시간을 측정하라(모의 또는 실사용자 모니터링으로 가능하다). 서드파티 공급자를 사용하기로 결정했다면, 공급자마다 서비스 품질이 매우 다를 수 있으니 요구 조건에 가장 적합한 곳을 선택하라.
- 초기 HTML이나 응답에 대해 DNS 프리패치^{prefetch}[6]를 활용하라. 이는 초기 HTML을 내려받아 처리하는 동안 그 페이지에 있는 특정 호스트이름들의 DNS 조회를 시작할 것이다. 예를 들어, 다음은 ajax.googleapis.com에 대한 DNS 조회를 미리 수행할 것이다.

```
<link rel="dns-prefetch" href="//ajax.googleapis.com">
```

이 기법들은 DNS의 고정적인 오버헤드를 최소화하는 데 도움을 줄 것이다.

---

[6] https://www.w3.org/TR/resource-hints/#dns-prefetch

TCP 연결을 최적화하라

이번 장 앞에서 논의한 것처럼, 새 연결을 여는 일은 시간이 오래 걸리는 절차일 수 있다. 연결이 TLS를 사용하는 경우라면(마땅히 그래야 한다), 그 오버헤드는 훨씬 더 크다. 이 오버헤드를 줄이는 방법은 다음과 같다.

- preconnect[7]를 활용하라. 필요하기 전에 미리 연결을 수립해둠으로써 폭포수 임계 경로waterfall critical path에서 연결 시간을 제거해준다. 예를 들면, 다음과 같다.

```
<link rel="preconnect" href="//fonts.example.com" crossorigin>
```

- 조기 종료early termination를 사용하라. 콘텐츠 전송 네트워크Content Delivery Network, CDN를 활용하면, 요청하는 클라이언트와 가까이 위치한 인터넷 경계edge에서 연결을 종료시킬 수 있으며, 결국 새로운 연결을 수립할 때 수반되는 왕복 지연을 최소화할 수 있다. CDN을 더 자세히 알고 싶으면 7.5절 '콘텐츠 전송 네트워크'를 참조하라.
- HTTPS를 최적화하기 위해 최신 TLS 모범 사례[8]를 실행하라.

많은 자원을 동일한 호스트에 요청하는 경우, 클라이언트 브라우저는 자원을 가져올 때의 병목을 피하려고 자동으로 서버와 병렬연결을 열 것이다. 현재 대부분의 클라이언트 브라우저는 6개 이상의 병렬연결을 지원하지만, 브라우저가 특정 호스트에 여는 병렬연결의 수를 사용자가 직접 제어할 수는 없다.

리다이렉션을 피하라

리다이렉션redirection은 보통 다른 호스트로 연결을 하게 하며, 이는 추가적인 연결이 수립되어야 함을 의미한다. 무선 네트워크(휴대폰 등)에서 추가 리다이렉션은 수백 ms의 지연을 증가시킬 수 있다. 이는 사용자 경험에 나쁜 영향을 미치고 결국 웹사이트를 운영하는 기업에도 해가 된다. 특별한 상황을 제외하고는 대개는 리다이렉션을 할 만한 '타당한' 이유가 없다. 따라서 명백한 해결책은 리다이렉션을 완전히 제거하는 것이다. 쉽게 제거하기 어렵다면 다음 두 방법 중 하나를 선택할 수 있다.

- CDN을 활용하여 클라이언트 대신 '클라우드에서' 리다이렉션을 수행하라.

---

7 https://www.w3.org/TR/resource-hints/#preconnect
8 https://istlsfastyet.com/

- 동일한 호스트 리다이렉션이라면, 리다이렉션을 사용하지 말고 웹 서버에서 'Rewrite Rules'를 사용하여 사용자를 원하는 자원으로 연결하라.

종종 리다이렉션은 검색 엔진 최적화^{Search Engine Optimization, SEO}라는 어둠의 마법을 도와, 단기 검색 결과 순위의 하락이나 그로 인한 백엔드 정보 레이아웃 변경을 피하는 데 사용된다. 이 경우, 리다이렉션의 대가가 SEO의 이득만큼의 가치가 있는지 판단해야 한다. 때로는 반창고를 한 번에 떼어버리는 것이 장기적으로는 최선책이다.

클라이언트에 캐싱하라

어떠한 네트워크 연결도 필요 없기 때문에, 로컬 캐시에서 데이터를 검색하는 것만큼 빠른 것은 없다. 누구나 알다시피(아닐 수도 있다), 가장 빠른 요청은 아무것도 요청하지 않는 것이다. 로컬에서 콘텐츠를 검색하면, ISP나 CDN 공급자로부터 요금을 청구받을 일도 없다. 개체를 얼마나 오랫동안 캐싱할지를 브라우저에 알려주는 지시자^{directive}가 바로 TTL^{Time To Live}이다. 주어진 자원에 대한 최적의 TTL은 과학적으로 완벽하게 찾을 수 없다. 하지만 다음과 같이, 검증된 몇 가지 지침이 좋은 시작점이 될 것이다.

- 이미지 또는 버전이 관리되는 콘텐츠와 같은 소위 정적 콘텐츠는 영구적으로 클라이언트에 캐싱할 수 있다. 하지만 TTL이 한 달이 넘을 정도로 오랜 시간 후에 만료되도록 설정되어 있더라도, 캐시 만료 시점 이전의 조기 퇴출^{eviction}이나 캐시 초기화^{wipe} 동작 때문에 클라이언트는 원본에서 정적 콘텐츠를 가져와야 할 수도 있다. 결국 실제 TTL은 디바이스 특성(특히, 캐시용 디스크의 가용량)과 최종 사용자의 브라우징 습관과 이력 정보에 달려 있다.
- CSS/JS와 맞춤형 개체의 경우, 평균 세션 시간의 2배 정도 캐싱하라. 이 기간은 대부분의 사용자가 해당 웹 사이트를 돌아다니는 동안 로컬에서 자원을 가져올 수 있을 만큼 충분히 길며, 다음 세션에서는 네트워크에서 새로운 콘텐츠를 가져오게 할 만큼 충분히 짧다.
- 그 외의 콘텐츠 유형인 경우, 이상적인 TTL은 주어진 자원에 대해 캐시에 유지하고자 하는 노후 임계값^{staleness threshold}에 따라 다르므로, 요구 사항에 근거해 최적의 결정을 해야 할 것이다.

클라이언트 캐싱 TTL은 'Cache-Control' HTTP 헤더의 'max-age'(초) 키를 사용하거나 'Expires' 헤더를 사용해 설정할 수 있다.

네트워크 경계에 캐싱하라

네트워크의 경계에 캐싱하면 모든 사용자가 클라우드 내의 공유 캐시의 혜택을 얻을 수 있으므로,

더 빠른 사용자 경험을 제공하고 서비스 인프라에서 많은 양의 트래픽을 덜어낼 수 있다.

캐싱할 수 있는 자원은 다음과 같다.

- 여러 사용자 간 공유 가능한 자원
- 어느 정도 노후도staleness를 수용할 수 있는 자원

클라이언트 캐싱과 달리, 개인 정보(사용자 설정 정보, 금융 정보 등)는 공유할 수 없으므로 절대 네트워크 경계에 캐싱해서는 안 된다. 또한, 실시간 주식 거래 애플리케이션의 시세 표시기처럼 시간에 매우 민감한 콘텐츠도 캐싱해서는 안 된다. 이 외에는 단 몇 초 또는 몇 분만을 위한 것이라도 무엇이든 캐싱할 수 있다. 예를 들어, 뉴스 속보처럼 그리 자주 변하지는 않지만 순간적으로 갱신해야 하는 콘텐츠인 경우, 모든 주요 CDN 업체가 제공하는 소거purging 메커니즘을 활용할 수 있다. 이를 'Hold Until Told', 즉 '말하기 전까지 유지하기' 패턴이라고 한다.

조건부 캐싱

캐시 TTL이 만료되면, 클라이언트는 요청을 서버로 보낼 것이다. 하지만 대부분 그 응답은 캐싱된 사본과 동일할 것이고 이미 캐시에 있는 콘텐츠를 다시 내려받는 헛수고를 한 셈일 것이다. HTTP는 조건부 요청을 하는 기능을 제공하는데, 이는 클라이언트가 서버에 '그 개체가 변경되었으면 보내달라, 그렇지 않으면 그냥 동일하다고 알려달라'고 요청하는 기능이다. 어떤 개체가 자주 변경되지 않지만 그 개체의 최신 버전을 빨리 사용할 수 있게 하는 것이 중요한 경우에, 조건부 요청을 사용하면 대역폭과 성능 면에서 유리하다. 조건부 캐싱을 사용하는 방법은 다음과 같다.

- If-Modified-Since HTTP 헤더를 요청에 포함한다. 서버는 최신 콘텐츠가 헤더에 명시된 시점 이후에 갱신된 경우에만 전체 콘텐츠를 반환하며, 그렇지 않으면 응답 헤더에 새 타임스탬프 'Date'를 포함한 304 응답을 반환한다.
- 개체를 고유하게 식별하는 엔티티 태그, 즉 ETag를 요청에 포함한다. 서버는 ETag를 헤더에 포함하여 개체 자체와 함께 제공한다. 서버는 현재 ETag를 요청 헤더의 ETag와 비교한 후, 동일하면 304를 반환하고, 다르면 전체 콘텐츠를 반환한다.

대부분의 웹 서버는 이미지와 CSS/JS에 이 기법을 적용하지만, 다른 캐싱된 콘텐츠에도 적용하는지 확인해봐야 한다.

압축과 축소화

텍스트 형태의 모든 콘텐츠(HTML, JS, CSS, SVG, XML, JSON, 폰트 등)는 압축^{compression}과 축소화^{minification}의 혜택을 볼 수 있다. 이 두 방법을 함께 사용하면 개체의 크기를 대폭 줄일 수 있다. 더 적은 바이트 수는 더 적은 왕복을 의미하며, 이는 결국 시간도 덜 소요됨을 의미한다.

축소화는 텍스트 개체에서 불필요한 모든 요소를 제거하는 절차다. 일반적으로 이러한 개체들은 사람이 쉽게 읽고 관리할 수 있는 방식으로 만든 것이다. 하지만 브라우저는 가독성에는 아무런 관심이 없으며, 그 가독성을 포기하면 공간을 절약할 수 있다. 간단한 예로 다음 HTML을 보자.

```
<html>
<head>
  <!-- Change the title as you see fit -->
  <title>My first web page</title>
</head>
<body>
<!-- Put your message of the day here -->
<p>Hello, World!</p>
</body>
</html>
```

이는 하나의 완전한 HTML 페이지로, (볼품은 없지만) 브라우저에 정상 표시될 것이다. 그러나 여기에는 주석, 줄바꿈 문자, 공백 등 브라우저가 알 필요 없는 정보가 존재한다. 축소된 버전은 다음과 유사할 것이다.

```
<html><head><title>My first web page</title></head><body>
<p>Hello, World!</p></body></html>
```

이 버전은 읽기도 관리하기도 쉽지 않지만, 바이트 수는 절반으로 줄었다(92 대 186).

압축은 축소된 개체를 한 번 더 줄일 수 있다. 압축은 손실 없이 복원할 수 있는 알고리즘을 사용해 개체의 크기를 줄인다. 서버는 개체를 전송하기 전에 압축해 전송 바이트 수를 90%까지 줄인다. 흔히 사용하는 압축 방식에는 gzip과 디플레이트^{deflate}가 있으며, 브로틀리^{Brotli}처럼 비교적 최근에 등장한 방식도 있다.

CSS/JS 차단을 피하라

CSS는 화면에 콘텐츠를 렌더링하는 방법과 위치를 클라이언트 브라우저에 알려준다. 따라서 클라이언트는 화면에 첫 번째 픽셀을 그리기 전에 모든 CSS를 내려받아야 한다. 브라우저의 프리파서pre-parser는 매우 지능적이어서 CSS를 어디에 두든 전체 HTML에서 필요한 모든 CSS를 미리 가져올 수 있다. 하지만 모든 CSS 자원 요청을 문서의 헤드 섹션 즉, JS나 이미지를 가져와 처리하기 전인 HTML 앞부분에 두는 것을 여전히 권장한다.

기본적으로 JS는 HTML 내의 코드가 위치한 지점에서 반입되어 파싱되고 실행되며, 브라우저가 이 작업을 완료할 때까지 해당 JS가 위치한 지점 이후에 있는 모든 자원은 다운로드와 렌더링이 차단된다. 경우에 따라서는 특정 JS를 내려받아 실행하는 동안 HTML 나머지 부분의 파싱과 실행을 차단하는 것이 나을 수도 있다. 예를 들어, 소위 태그 관리자tag-manager를 설치하는 경우 또는 존재하지 않는 엔티티entity에 대한 참조나 경쟁 조건을 피하기 위해 JS를 먼저 실행해야 하는 경우다.

하지만 이러한 기본적인 차단 동작은 대개 불필요한 지연을 발생시키고, 심지어 단일 장애점single point of failure을 유발할 수도 있다. JS 차단의 잠재적인 역효과를 줄이려면 직접 제어할 수 있는 콘텐츠와 직접 제어하지 못하는 서드파티 콘텐츠에 각각 다른 전략을 수립하는 것이 좋다.

- JS의 사용 여부를 주기적으로 재확인하라. 시간이 지나면 웹 페이지가 더 이상 필요 없는 JS를 계속 내려받고 있을 가능성이 커지며, 이때는 필요 없는 JS를 제거하는 것이 가장 빠르면서도 효과적인 해결책이다!
- JS의 실행 순서는 중요하지 않되 onload 이벤트가 시작되기 전에 JS가 실행되어야만 한다면, 다음처럼 'async'[9] 속성을 설정하라.

```
<script async src="/js/myfile.js">
```

이는 HTML 파싱과 동시에 JS를 내려받기 때문에, 이것만으로도 전반적인 사용자 경험을 대폭 개선할 수 있다. 이 경우, document.write 지시자를 잘못 사용하면 페이지 표시가 중단될 수 있으므로 주의 깊게 테스트해야 한다!

- JS의 실행 순서는 중요하되 DOM이 로딩된 후에 JS를 실행해도 된다면, 다음처럼 'defer'[10] 속성을 사용하라.

---

9 http://caniuse.com/#search=async
10 http://caniuse.com/#search=defer

```
<script defer src="/js/myjs.js">
```

- JS가 초기 화면 구성에 중요하지 않다면, onload 이벤트가 발생한 후에 JS를 가져와서 처리하는 것이 좋다.
- 메인 onload 이벤트를 지연시키고 싶지 않다면, 메인 페이지와 별개로 처리되는 iframe을 통해 JS를 가져오는 것을 고려할 수도 있다. 하지만 iframe을 통해 내려받은 JS는 메인 페이지의 요소element에는 접근할 수 없다.

이 모든 것이 조금 복잡해 보인다면, 그것은 원래 그렇기 때문이다. 이 문제에는 일률적인 해결책이 없으며, 업무 요구 사항과 전체 HTML 문맥에 대한 이해 없이 특정 전략을 내세우는 것은 위험할 수 있다. 하지만 앞의 목록은 JS가 타당한 이유 없이 페이지의 렌더링을 중단시키지 않게 해주는 좋은 시작점이다.

이미지를 최적화하라

가장 인기 있는 많은 웹사이트에서 이미지의 상대적 및 절대적 크기는 시간이 갈수록 계속 증가하고 있다. [그림 3-6]의 차트[11]는 지난 5년 동안 페이지당 요청 수와 전송 바이트 크기를 보여준다.

그림 3-6 2011~2016년의 전송 크기와 요청 수(출처: httparchive.com)

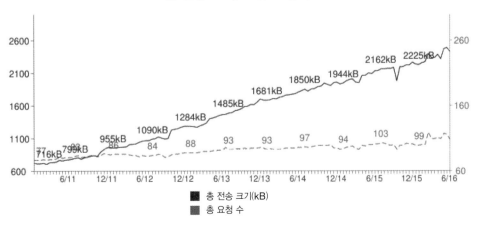

---

11 http://bit.ly/2pudJks

현대 웹사이트들은 이미지로 가득 차 있기 때문에, 이미지를 최적화하면 성능상의 이득을 가장 많이 볼 수 있다. 이미지 최적화는 최소한의 바이트 수만으로 원하는 시각 품질을 달성하는 것을 목표로 한다. 이 목적을 달성하는 데 악영향을 미치는 요인들은 다음과 같은 방법으로 해결해야 한다.

- 피사체 위치, 타임스탬프, 이미지 크기, 해상도와 같은 이미지 '메타데이터'는 보통 이진 정보로 담겨 있으며, 클라이언트에 제공하기 전에 제거해야 한다(저작권과 ICC 프로파일 데이터는 제거하면 안 된다). 이 품질 무손실 절차는 생성 시점에 완료할 수 있다. PNG 이미지의 경우, 크기가 보통 10%가량 줄어든다. 이미지 최적화에 관해 더 많이 알고 싶다면, 팀 카들렉Tim Kadlec, 콜린 벤델Colin Bendell, 마이크 맥콜Mike McCall, 요아브 바이스Yoav Weiss, 닉 도일Nick Doyle, 가이 포쟈니Guy Podjarny가 쓴 『High Performance Images』(오라일리, 2016)를 읽어 보라.

- 이미지 오버로딩overloading이란, 이미지의 원본 크기가 브라우저의 창 크기를 넘거나 이미지 해상도가 디바이스 화면의 한계를 넘어, 브라우저에 의해 이미지의 크기가 자동으로 줄어드는 것을 말한다. 이렇게 브라우저에서 이미지가 축소되는 것은 대역폭뿐만 아니라 소중한 CPU 자원을 낭비하게 되며, 이는 보통 자원이 부족한 휴대용 디바이스에 더 큰 영향을 미친다. 이러한 영향은 반응형 웹 디자인Responsive Web Design, RWD 사이트에서 흔히 볼 수 있으며, 이들은 렌더링 디바이스에 관계없이 동일한 이미지를 제공한다. [그림 3-7]은 이러한 과도한 다운로드 문제를 보여준다.

그림 3-7 픽셀당 평균 RWD 바이트 수(출처: http://goo.gl/6hOkQp)

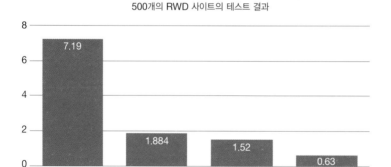

픽셀당 평균 RWD 바이트 수
500개의 RWD 사이트의 테스트 결과

이미지 오버로딩을 줄이는 방법은 (크기나 화질 면에서) 사용자의 디바이스, 네트워크 상태, 기대 화질에 맞추어 이미지를 제공하는 것이다.

3.2.2 안티패턴

HTTP/2는 호스트마다 하나의 연결만 열기 때문에, HTTP/1.1의 모범 사례 중 일부는 h2에서는 안티패턴으로 바뀐다. 다음 절에서는 h2 웹사이트에는 더 이상 적용되지 않는 인기 있는 방법 몇 가지를 논의한다.

스프라이팅과 자원 통합/인라이닝

스프라이팅spriting은 작은 이미지 여러 개를 큰 이미지 하나로 통합하여 여러 개의 이미지 요소를 단 한 번만 요청할 수 있게 하는 것을 말한다. 예를 들어, 색상 견본이나 탐색 요소(화살표, 아이콘 등)들은 스프라이트sprite라고 부르는 하나의 큰 이미지로 모을 수 있다. 더 이상 특정 요청으로 인해 무언가가 중단되는 일 없이 많은 요청을 병렬로 처리할 수 있는 HTTP/2에서, 스프라이팅은 성능적인 면에서 더 이상 고려할 가치가 없다. 또한, 웹사이트 관리자는 더 이상 스프라이트를 만들 걱정을 하지 않아도 된다. 그렇다고 해서 기존 스프라이트까지 원래대로 분리하는 수고를 할 필요는 없다.

같은 맥락으로, 클라이언트와 서버 간의 연결 수를 줄이기 위해 JS와 CSS 같은 소규모 텍스트 자원들도 더 큰 단일 자원으로 통합하거나 메인 HTML에 직접 포함할 수 있다. 한 가지 역효과로, 독립적으로 캐싱할 수 있는 CSS나 JS를 캐싱할 수 없는 HTML에 포함하면 근본적으로 캐싱할 수 없게 되어 버리므로, 사이트를 h1에서 h2로 마이그레이션하는 경우에는 이 방법을 피해야 한다. 하지만 2015년 11월, khanacademy.org[12]에서 발표한 연구에 따르면, 많은 소규모 JS 파일들을 하나의 파일로 묶는 것이 압축과 CPU 자원 절약이라는 면에서 h2에서도 적절할 수 있다.

샤딩

샤딩sharding은 호스트이름마다 다수의 연결을 열어 콘텐츠를 병렬로 내려받는 브라우저의 기능을 활용하는 것이다. 특정 웹사이트에 대한 최적의 샤드shard의 수는 과학적으로 정확하게 찾을 수 없으며, 업계에 여러 견해가 존재한다고만 말해두는 편이 적절하다.

HTTP/2에서는, 샤딩을 해제하려면 사이트 관리자가 상당히 많은 작업을 해야 한다. 더 나은

---

12 http://engineering.khanacademy.org/posts/js-packaging-http2.htm

방법은 기존 샤딩을 유지하면서 동일한 서버 IP와 포트에 매핑된 다수의 호스트이름이 공통 인증서(와일드카드/SAN)를 공유하게 하여, 네트워크 통합의 이득을 얻고 샤딩된 호스트이름 각각에 대한 연결 수립을 줄이는 것이다.

쿠키 없는 도메인

HTTP/1에서는 요청과 응답 헤더의 내용은 압축되지 않는다. 시간이 갈수록 헤더의 크기가 커지고 있기 때문에, TCP 패킷 하나(~1.5KB)보다 쿠키 크기가 더 큰 경우는 더 이상 이상한 일이 아니다. 결과적으로, 서버와 클라이언트 사이에 헤더 정보가 오가는 동안 무시할 수 없을 만큼의 지연이 발생할 수 있다.

따라서 이미지처럼 쿠키에 의존하지 않는 자원을 위해 쿠키 없는cookie-less 도메인을 만드는 것이 합리적인 권고 사항이었다.

하지만 HTTP/2에서는, 헤더를 압축할 수 있을뿐더러 이미 알려진 정보를 전송하지 않기 위해 양 단에 '헤더 이력header history'을 저장한다. 따라서 HTTP/2로 사이트를 재설계하면 쿠키 없는 도메인을 만들지 않아도 되므로 삶이 더 편해진다.

다수의 정적 개체를 동일한 호스트이름에서 HTML로 제공하면 그 정적 자원들을 가져오는 것을 지연시키는 추가적인 DNS 조회와 소켓 연결을 피할 수 있다. 렌더링을 중단시킬 수 있는 자원을 동일한 호스트이름에서 HTML로 전송하면 성능을 개선할 수 있다.

3.3 요약

HTTP/1.1은 성능 최적화와 모범 사례라는 흥미롭지만은 않은 복잡한 세계를 만들어냈다. 성능을 짜내려는 업계의 온갖 시도는 찬사를 받을 만했다. HTTP/2의 목표 중 하나는 이러한 많은(전부는 아닐지라도) 기법들을 더 이상 쓸모없게 만드는 것이다. 그럼에도 이 기법들과 동작 원리를 이해하면 웹과 웹의 동작 방식을 더 깊게 이해할 수 있을 것이다.

CHAPTER 4

HTTP/2로의 전환

조금 불친절하게 말하자면, HTTP/2를 지원하기 위해 해야 할 모든 일은 h2로 통신하는 웹 서버로 업그레이드하거나 실제 웹사이트를 대신해 h2로 통신할 콘텐츠 전송 네트워크를 사용하는 것이다. 비록 사실일지라도, 이것은 설명하기 어려운 많은 미묘한 부분을 대충 덮어 버리는 것이며, 예상치 못한 큰 대가를 치르거나 성능이 최적 상태에 못 미칠 수 있다. 다음은 웹사이트를 HTTP/2로 전환하기 전에 고려해야 할 몇 가지 항목들이다.

- 브라우저의 h2 지원
- TLS(HTTPS)로의 전환
- 웹사이트의 h2 최적화(h1용 설정 제거)
- 웹사이트의 서드파티 개체
- 기존 클라이언트를 위한 지원 유지

이번 장에서는 이 주제들에 대해 알아야 할 것들을 설명한다.

4.1 브라우저 지원

이 책의 집필 시점을 기준으로, 약 80%의 웹 브라우저가 h2를 어느 정도 지원하고 있다[1]. 이는 h2로 전환하기만 하면 많은 사람들이 즉시 h2의 혜택을 누릴 수 있음을 의미한다. h2를 지원하지 않는 브라우저에서는 프로토콜 협상 절차가 무시되므로, h2로 통신하지 않는 브라우저는 쉽게 다시 h1으로 되돌아와 인프라에 접속할 것이다(h1 지원을 유지하는 경우).

[표 4-1]은 HTTP/2를 지원하는 브라우저와 그 버전을 보여준다.

표 4-1 HTTP/2 브라우저 지원

브라우저명	최소 버전	비고
크롬	41	
파이어폭스	36	
엣지	12	
사파리	9	OSX 10.11 이후
인터넷 익스플로러	11	윈도우 10만 해당
오페라	28	
사파리 - iOS	9.2	
안드로이드 브라우저	51	
크롬 - 안드로이드	51	

4.2 TLS로의 전환

모든 주요 브라우저가 TLS(HTTPS 요청 등)로만 h2에 접속하기 때문에, TLS를 지원하지 않으면 할 수 있는 것이 아무것도 없다. 그리고 TLS 버전은 높게 설정해야 한다. 적어도 일시적 ephemeral 암호화 기능이 있는 TLS 1.2는 지원해야 한다(자세한 내용은 RFC 7540의 9.2절을 참조). 보안을 중요시하는 현대의 웹사이트 대부분은 'TLS everywhere' 운동에 참여하고 있어 사용자들은 크게 신경 쓸 것이 없지만, 그렇지 않은 경우에는 시간과 자원의 투자가 이루어져야 한다.

---

1 http://caniuse.com/#search=http2

가능한 한 힘들이지 않고 웹사이트에서 TLS를 사용할 수 있도록 지난 5년간 많은 활동이 있었지만, TLS로 전환하는 일은 여전히 쉽지 않다. TLS로 전환하려면 다음과 같은 항목을 고려해야 한다.

웹 서버를 파악하라

모든 웹 서버는 HTTPS 설정 방식이 조금씩 다르다.

인증서를 확보하라

EV, OV, DV, CN, CSR, X509, SAN과 같이 이해하기 쉽지 않은 새로운 약어들이 많이 존재한다. 웹사이트용 인증서를 발급받기 위해서는 보통 CSR^Certificate Signing Request 생성, 신청자의 신원 및 인증서가 대표할 도메인이름의 소유권 검증, 인증 기관^Certificate Authority, CA에서의 인증서 구매와 같은 여러 단계가 필요하다. 선택할 수 있는 CA는 많이 있다. Let's Encrypt[2]와 같은 기관들은 인증서를 쉽고, 빠르고, 심지어 무료로 발급하고 있다.

개인키를 보호하라

인증서는 관리자가 신경 쓰는 만큼만 안전하다. TLS로 안전하게 사이트를 운영하려면, 개인키를 어디에 어떻게 저장할지, 누구에게 접근을 허용할지를 고려해야 한다. 매우 비싼 HSM^Hardware Security Module 장비를 사용하는 것부터 단순히 행운을 빌면서 좋은 관례를 사용하는 것까지 다양한 해결책이 있다. TLS를 처음 도입하는 경우라면, 개인키를 보호하는 일은 운영 계획의 중요한 부분이 될 것이다.

---

2 https://letsencrypt.org

증가하는 서버 부하에 대비하라

TLS를 가능한 한 저렴하게 보급하려는 노력이 많이 있었지만, 이것은 3보를 전진하고 2보를 후퇴하는 게임과 같다. 대칭 암호의 최적화는 부하를 줄이는 데 많은 도움이 되었지만, 임시키 교환의 사용은 반대로 부하를 증가시켰다(비록 모든 것을 더 안전하게 해주었지만). 다음은 처음 시작할 때 고려해야 할 몇 가지 모범 사례다.

- 연결을 가능한 한 길게 유지하라. TLS의 가장 비싼 부분은 연결하는 동안의 핸드셰이크 시간이다. 연결을 가능한 한 길게 유지하면 필요한 핸드셰이크 수를 줄일 수 있다.
- 세션 티켓을 사용하라. 세션 티켓을 사용하면 클라이언트는 이전의 핸드셰이크에서 얻은 값비싼 암호 계산값을 재사용하여 서버에 다시 연결할 수 있다.
- 암호화 지원을 내장한 칩셋을 사용하라. 최신 인텔 프로세서의 AES-NI[3] 명령어는 대칭키 암호화 작업을 매우 빨리 처리할 수 있다.

변화를 주시하라

웹 보안은 역동적인 세계다. 수개월마다 서버와 HTTPS에 새로운 취약점이 발생하고 있다. 어제의 작업이 내일 쓸모 없어지지 않게 하려면 '최신과 최고'를 계속 따라잡는 것이 중요하다.

웹사이트를 주기적으로 점검하라

퀼리스 랩Qualys Lab의 SSL Test[4]와 같은 도구를 사용하여 웹사이트의 TLS 구성을 점검해야 한다.

이들은 TLS에 의존하는 서비스를 준비할 때 내재화 해야 할 모범 사례들이지만, TLS는 그 중요성을 깨닫기까지 적시에 많은 투자가 필요한 방대한 주제다. 다음 격언을 기억하라.

> 적은 지식은 위험한 것이다. 깊이 마셔라, 그렇지 않으면 시적 영감의 샘물을 마시지 마라(A little learning is a dangerous thing; Drink deep, or taste not the Pierian spring).
>
> — 알렉산더 포프Alexander Pope

---

3 http://intel.ly/2onh9E4
4 https://www.ssllabs.com/

TLS는 필수인가?

단순한 대답은 '아니오'다. 현실적인 대답은 '그렇다'이다. HTTP/2는 규격상 TLS가 필요 없으며 평문으로 프로토콜을 협상하는 기능을 제공하지만, 어떤 주요 브라우저도 TLS 없이는 h2를 지원하지 않는다. 그 이면에는 두 가지 이유가 있다.

첫째, 웹소켓과 SPDY를 시험한 결과, 80 포트(평문 HTTP)를 통해 Upgrade 헤더를 사용하면 프락시 차단 등의 원인으로 인해 매우 높은 오류율을 보였다. 443 포트(HTTPS)를 통해 TLS로 요청을 보내면 훨씬 더 낮은 오류율과 더 깔끔한 프로토콜 협상 절차를 볼 수 있었다. 둘째, 안전과 개인 정보 보호를 위해 모든 것을 암호화해야 한다는 믿음이 증가하고 있다. HTTP/2는 진보하는 웹 전반에 걸쳐 암호화된 통신을 촉진시키는 기회로 볼 수 있다.

4.3 HTTP/1.1 최적화 제거하기

웹 개발자들은 h1을 최대한 활용하는 데 많은 노력을 기울여 왔다. 그 몇 가지 예로, 결합concatenation, 샤딩, 축소화, 쿠키 없는 도메인, 스프라이팅과 같은 패턴이 등장했다. 독자들은 이 패턴 중 일부가 h2에서는 안티패턴이 된다는 사실에 놀랄지도 모른다. 예를 들어, 결합(여러 CSS나 자바스크립트 파일을 하나의 파일로 합치는 것)은 브라우저가 다량의 요청을 하는 일을 덜어줄 수 있다. 이 패턴은 요청의 대가가 비싼 h1에서는 중요하지만, h2에서는 요청의 구조가 훨씬 더 최적화되었다. 결합을 하지 않아야 요청 오버헤드가 적어지고 개별 파일에 대한 더 세밀한 브라우저 캐싱을 활용할 수 있다.

[표 4-2]는 h1 요청을 최적화하는 데 사용하는 흔한 기법 몇 가지와 h2에서 고려해야 할 사항을 보여준다.

표 4-2 HTTP/1 최적화와 HTTP/2에서의 제안 사항

패턴	설명	제안 사항
결합	HTTP 요청 수를 줄이기 위해 다수의 파일(자바스크립트, CSS)을 하나의 파일로 결합하는 패턴	HTTP/2에서는 바이트 수와 소요 시간 측면에서 요청 오버헤드가 전혀 없지는 않지만 훨씬 적기 때문에 꼭 필요하지는 않다.
축소화	HTML, 자바스크립트, CSS 등의 파일에서 불필요한 바이트를 제거하는 패턴	HTTP/2에서도 유지해야 할 좋은 패턴
샤딩	브라우저가 더 많은 소켓을 사용할 수 있도록 개체들을 다수의 도메인으로 분산하는 패턴	HTTP/2는 단일 소켓을 사용하도록 설계되었으며, 샤딩을 사용하면 이 설계 목적을 훼손하게 된다. 샤딩을 제거하되, 이 표 다음에 이어지는 보충 설명을 읽어보라. 샤딩의 명암을 설명한다.
쿠키 없는 도메인	요청 크기를 최소화하기 위해 이미지 등을 위한 도메인에는 쿠키를 사용하지 않는 패턴	개체를 위한 별도의 도메인은 피해야 하며(샤딩 참조). 더 중요한 것으로 HTTP/2의 헤더 압축 덕분에 쿠키의 오버헤드가 상당히 줄었다.
스프라이팅	다수의 이미지가 포함된 이미지 지도를 만든 후 웹 페이지에서 CSS로 잘라서 사용하는 패턴	CSS 처리가 꽤 비쌀 수 있다는 점을 제외하고 축소화와 유사하다. HTTP/2에서는 사용하지 않기를 권장한다.

샤딩을 할 것인가, 하지 않을 것인가?

HTTP/2는 단일 TCP/IP 소켓에서 최적으로 동작하도록 설계되었다. 이는 하나의 소켓을 열고 적절한 혼잡도에서 동작하는 것이 다수의 소켓을 조율하는 것보다 훨씬 더 신뢰성 있고 성능이 좋다는 개념을 토대로 한다. 하지만 아카마이 파운드리 팀의 연구에 따르면 이러한 전략은 성공적이지 않은 것으로 밝혀졌다[5]. 사이트 구성에 따라, 여러 소켓이 단일 소켓보다 더 나은 경우가 여전히 있다. 이는 TCP 혼잡 제어가 동작하는 방식과 최적의 설정으로 맞춰지는 데 걸리는 시간과 밀접한 관계가 있다. 초기 혼잡 윈도우 크기가 매우 크면 이 문제를 줄이는 데 도움이 되지만, 큰 윈도우를 지원하지 못하는 네트워크에서는 문제가 될 수도 있다. 이것은 우리가 h2를 가장 잘 활용하고 최적화하는 방법을 시시각각 학습하고 있음을 보여주는 한 예일 뿐이다. 최적의 웹사이트 설정을 찾으려면 반복해서 개발하고 시험하고 수정해야 한다.

충분한 시간을 가지고 웹사이트를 h2에 최적화했더라도, 아직 한 가지 문제가 있다. 트래픽의 25%는 여전히 h1 클라이언트에서 들어오며, 그 h1 클라이언트의 성능 또한 최적화해야 한다.

---

5 http://akamai.me/2oEPSOZ

모두가 만족하기는 매우 어렵다. 사용자를 철저히 분석하면 최적화할 대상 그룹을 알 수 있을 것이다. 또는, 조건에 따라 h1과 h2 사용자에게 다른 콘텐츠를 제공하거나, 마법의 힘을 발휘하는 CDN 등의 도구를 사용할 수도 있다[6].

4.4 서드파티

비록 애증의 존재이긴 하나 웹사이트의 서드파티 콘텐츠는 피할 수 없는 현실이다. 서드파티 콘텐츠는 직접 제어할 수 없기 때문에, 서드파티 콘텐츠의 지원 범위에 따라 성능이 좌우된다는 문제가 있다. h2가 단일 소켓 환경에서 가장 잘 동작한다면, 서드파티는 어떤 영향을 미치는가? 사실, 서드파티 콘텐츠는 h2에서도 달라질 게 없이, HTTP/2에서 얻을 수 있는 잠재적인 성능상 이득을 저해하는 요인이 될 수 있다. 서드파티가 TLS를 지원하지 않으면 골치가 더 아파진다. 서드파티 콘텐츠가 웹 페이지 성능에 미치는 영향도에 관한 연구[7]에 따르면, 많은 경우에 서드파티 콘텐츠가 웹 페이지의 성능에 큰 영향을 미치는 요인 중 하나로 지목되고 있다. 그렇다면 서드파티 콘텐츠를 어떻게 해야 하는가? 다음 질문에 대한 대답부터 찾아보라.

- 서드파티 콘텐츠가 TLS를 지원하는가?
- 서드파티 콘텐츠가 HTTP/2를 지원할 계획이 있는가?
- 서드파티 콘텐츠가 제공하는 중요한 요소인 성능 영향도를 최소화하고 있는가?

이 질문 중 어느 하나의 대답이라도 '아니오'라면, 다음 2개의 후속 질문을 해야 한다.

- 원하는 기능을 제공하는 다른 서드파티가 있는가?
- 이 서드파티 콘텐츠가 정말 필요한가?

4.5 기존 클라이언트의 지원

변화를 좋아하지 않는 사람들이 있다. 그들의 현재 브라우저는 잘 동작하고 있으며, 업그레이드는 귀찮은 일일 수 있다. 문제는 이러한 사람들이 포기할 수 없는 고객이나 사용자일 수 있다

---

6 http://akamai.me/2onjVcz
7 http://akamai.me/2oEl9k9

는 점이다. 마이크로소프트는 2014년 4월 8일 윈도우 XP에 대한 지원을 종료했다. 이는 XP 사용자는 최신 브라우저와 보안 측면에서 점점 더 뒤처지게 됨을 의미한다. 말할 필요도 없이, XP의 인터넷 익스플로러는 h2로 통신할 수 없다. 더 중요하게, TLS 설정과 대체 평문 사이트의 존재 여부에 따라 그 사용자들은 h1으로도 웹사이트에 접속하지 못하게 될 수도 있다! 어떤 면에서는 진보 과정에서 불가피한 일일 수 있지만, 다른 면에서는 이들이 중요한 사용자와 고객일 수도 있다. 이러한 현실은 HTTP/2로 전환하기 전에 고려해야 할 또 다른 항목이다.

4.6 요약

HTTP/2로의 전환은 보통 좋은 일로 간주하고 독자의 웹사이트에도 예외 없이 적용해야 하지만, 스위치를 켜기 전에 고려해야 할 점이 분명히 있다. 많은 주요 웹사이트가 오랫동안 h2를 구동해 오고 있지만, 이 사실이 누구에게나 승리가 보장되었음을 의미하는 것은 아니다. h2로의 전환은 다른 중요한 변경과 동일하게 다루어야 한다. 시험하고, 시험하고, 또 시험해야 한다.

CHAPTER 5

HTTP/2 프로토콜

이번 장에서는 전송되는 프레임 수준까지 내려가, HTTP/2가 저수준에서 동작하는 방식을 설명한다. 이를 통해 HTTP/2 프로토콜이 제공하는 많은 장점(그리고 문제점)을 이해할 수 있을 것이다. 이번 장을 다 읽고 나면, 독자들 스스로 h2 환경을 조율하고 디버깅하면서 프로토콜을 활용할 수 있을 만큼 충분한 정보를 얻게 될 것이다. HTTP/2 프로토콜을 구현하려는 목적이라면, RFC 7540[1]이 훌륭한 출발점이다.

5.1 HTTP/2의 계층

HTTP/2는 일반적으로 두 계층으로 나눌 수 있다. 하나는 h2 다중화 기능의 핵심인 프레이밍 계층framing layer이고 다른 하나는 전통적인 HTTP 및 관련 데이터 부분을 포함하는 데이터 계층data layer 또는 http 계층http layer이다. 이 두 계층을 따로 구분하여 완전히 별개인 것으로 생각하기 쉽다. 규격을 잘 읽어보면, 재사용 가능한 구조인 프레이밍 계층과 HTTP를 전송하도록 설계된 데이터 계층 사이에는 경계를 나누기 어려운 부분이 있다. 예를 들어, 규격은 엔드포인트endpoint와 양방향성bidirectionality(많은 메시징 애플리케이션에 필요한 특성)에 관한 이야기로 시작해, 클라이언트, 서버, 요청, 응답에 관한 이야기로 넘어간다. 프레이밍 계층에 관해 읽을 때, 프레이밍 계층의 목적은 다름 아닌 HTTP를 주고받기 위한 것이라는 사실을 잊지 말아야 한다.

---

[1] https://tools.ietf.org/html/rfc7540

데이터 계층은 HTTP/1.1과 하위 호환성을 유지하도록 설계되었지만 h1에 친숙하고 전송 중인 메시지를 바로 읽는 데 익숙하던 개발자들을 여러 번 놀라게 할 만큼 많은 h2만의 특성이 있다.

바이너리 프로토콜

h2 프레이밍 계층은 바이너리^{binary} 프레임 형식의 프로토콜이다. 이 때문에 기계는 쉽게 파싱할 수 있지만 사람이 읽기는 어렵다.

헤더 압축

바이너리 프로토콜만으로는 충분하지 않았는지, h2에서는 헤더가 압축된다. 이는 중복된 바이트의 전송을 줄이는 데 효과가 있다.

다중화

선호하는 디버깅 도구로 h2를 전송 중인 연결을 들여다보면, 요청과 응답이 뒤섞여 있는 것을 볼 수 있을 것이다.

암호화

그 외에, 전송 중인 데이터의 대부분이 암호화^{Encryption}되기 때문에, 전송되는 즉시 판독하기 더 어려워졌다.

이 각각의 주제를 하나씩 살펴볼 것이다.

5.2 연결

HTTP/2 세션의 기본 요소는 바로 연결이다. 연결이란 클라이언트가 개시한 TCP/IP 소켓으로 정의되며, HTTP 요청을 전송할 엔티티를 의미한다. 여기까지는 h1과 다를 게 없다. 하지만, 상태를 저장하지 않는 h1과 달리, h2는 h2 위에서 흐르는 모든 프레임과 스트림이 연관된 연결 수준의 요소들을 함께 묶는다. 여기에는 연결 설정값과 헤더 테이블(이 둘은 이번 장 나중에 자세히 설명한다)이 포함된다. 이는 모든 h2 연결에는 이전 버전에는 없던 오버헤드가 어느 정도 있음을 암시한다. 이는 오버헤드의 이득이 그에 드는 비용보다 훨씬 크기 때문에 의도된 것이다.

---

h2를 말할 수 있나요?(Sprechen Sie h2?)

사용자가 통신하고자 하는 프로토콜을 엔드포인트가 지원하는지를 확인하는 절차인 프로토콜 탐색은 쉬운 절차가 아니다. HTTP/2는 두 가지 탐색 메커니즘을 제공한다.

연결이 암호화되지 않은 경우, 클라이언트는 Upgrade 헤더를 활용해 h2로 통신하려는 요구를 전달한다. 서버가 h2로 통신할 수 있으면, '101 Switching Protocols' 응답을 회신한다. 이 절차에 한 번의 왕복이 추가로 소요된다.

하지만 연결이 TLS로 수립되는 경우, 클라이언트는 ClientHello 메시지 안에 ALPN^{Application Level Protocol Negotiation}을 설정하여 h2로 통신하려는 요구를 전달하며, 서버도 같은 방식으로 응답한다. 이 방식에서 h2는 추가적인 왕복 없이 주고받기 한 번으로 협상이 이루어진다. SPDY와 초기 버전의 h2는 NPN^{Next Protocol Negotiation}을 사용해 h2 협상을 했다. NPN은 2014년 중반에 ALPN으로 대체되었다.

h2 지원을 표시하는 마지막 한 가지 방법은 HTTP Alternative Services[2], 즉 Alt-Svc를 사용하는 것이다. 서버는 클라이언트에 보낼 응답 헤더에 Alt-Svc를 설정하여 다음 요청에서 더 나은 프로토콜을 사용할 수 있다는 사실을 표시할 수 있다. 이는 점점 더 많은 브라우저가 지원하고 있는 매우 유연한 기능이다. Alt-Svc가 ALPN을 대체하려고 의도된 것은 아니지만 알아두어야 할 강력한 기능이다.

클라이언트 엔드포인트가 h2로 통신한다는 사실을 서버에 다시 한번 더 알려주기 위해, 클라이언트는 연결 전문^{connection preface}이라는 마법의 옥텟^{octet} 스트림을 연결의 첫 번째 데이터로 전송한다. 이는 수로 클라이언트가 평문 HTTP/1.1에서 업그레이드된 경우를 위해 의도된 것이다. 이 스트림은 16진수로 다음과 같다.

- 0x505249202a20485454502f322e300d0a0d0a534d0d0a0d0a

---

2 https://tools.ietf.org/html/rfc7838

ASCII로 변환하면 다음을 얻을 수 있다.

- PRI * HTTP/2.0\r\n\r\nSM\r\n\r\n

이 문자열의 목적은 어떤 이유로든 서버(또는 중재자)가 h2로 통신할 수 없게 된 경우, 명시적인 오류가 발생하게 하는 것이다. 이 메시지는 의도적으로 h1 메시지처럼 보이게 구성되었다. 정상 동작하는 h1 서버가 이 문자열을 수신한 경우, 메시지 안의 메서드(PRI)나 버전(HTTP/2.0)을 인식하지 못해 오류를 반환할 것이며, 이 덕분에 h2 클라이언트는 무언가 잘못되었다는 것을 분명히 알 수 있게 된다.

이 마법의 문자열에 이어 SETTINGS 프레임이 뒤따른다. 서버는 h2로 통신할 수 있음을 확인해주기 위해 클라이언트의 SETTINGS 프레임을 확인(ACK)하고, 자신의 SETTINGS 프레임으로 응답한다(이것도 곧이어 확인된다). 이제 서로 동의가 이루어졌고 h2를 시작할 수 있다. 이 절차가 가능한 한 효율적일 수 있도록 그동안 많은 작업이 이루어졌다. 겉보기에는 이 절차가 다소 복잡해 보일 수 있지만 클라이언트는 서버의 SETTINGS 프레임이 도착할 것을 가정하고 미리 프레임 전송을 시작할 수 있다. 프레임을 미리 전송한 클라이언트가 어떤 이유로 SETTINGS 프레임보다 다른 무언가를 먼저 수신한다면, 그 협상은 실패하고 모두가 GOAWAY 프레임을 수신하게 된다.

숨겨진 메시지?

연결 전문에는 두 가지 '비밀' 메시지가 포함되어 있다. 첫 번째는 미국 NSA[National Security Agency]의 PRISM 감시 프로그램에 대한 풍자를 담고 있다. HTTP/2의 초기 개발이 진행되던 당시에 PRISM 프로그램이 폭로되었으며, 몇몇 재치 있는 사람들이 PRISM 프로그램을 HTTP/2 프로토콜에 영원히 남기기로 결정했다(독자들은 프로토콜 개발자들이 유머 감각이 없다고 생각할지도 모른다). 두 번째는 HTTP/2.0에 대한 흔적이다. HTTP의 향후 버전에서는 의미적인 하위 호환성이 보장되지 않을 것이라는 점을 나타내기 위해 프로토콜 개발 초기에 .0이 삭제되었다. 하지만 전문에서는 삭제되지 않았다. 이 책에서는 역사적 정확성과 문맥상 필요한 곳에서 HTTP/2.0를 사용한다.

5.3 프레임

앞서 언급한 바와 같이, HTTP/2는 프레임 형식의 프로토콜이다. 프레이밍은 프로토콜의 사용자가 쉽게 읽고, 파싱하고, 생성할 수 있는 방식으로 중요한 모든 것들을 포장하는 방법을 말한다. 반면, h1은 프레임 형식이 아니라 텍스트 구분 형식이다. 다음 간단한 예를 보자.

```
GET / HTTP/1.1 <crlf>
Host: www.example.com <crlf>
Connection: keep-alive <crlf>
Accept: text/html,application/xhtml+xml,application/xml;q=0.9... <crlf>
User-Agent: Mozilla/5.0 (Macintosh; Intel Mac OS X 10_11_4)... <crlf>
Accept-Encoding: gzip, deflate, sdch <crlf>
Accept-Language: en-US,en;q=0.8 <crlf>
Cookie: pfy_cbc_lb=p-browse-w; customerZipCode=99912¦N; ltc=%20;... <crlf>
<crlf>
```

이런 것을 파싱하는 일은 어렵지 않지만 느리고 오류가 발생하기 쉽다. 구분자(여기서는 ⟨crlf⟩)를 만나기까지 계속 문자를 읽어야 하며, 규격을 잘 따르지 않은 클라이언트가 ⟨lf⟩만 전송하는 경우도 고려해야 한다. 상태 기계^state machine는 다음과 유사할 것이다.

```
loop
 while( ! CRLF )
  read bytes
 end while

 if first line
   parse line as the Request-Line
 else if line is empty
   break out of the loop # We are done
 else if line starts with non-whitespace
   parse the header line into a key/value pair
 else if line starts with space
   add the continuation header to the previous header
 end if
end loop

# Now go on to ready the request/response based on whatever was
```

```
# in the Transfer-encoding header and deal with all of the vagaries
# of browser bugs
```

이러한 코드는 쉽게 작성할 수 있으며 수도 없이 많이 만들어져 왔다. h1 요청/응답을 파싱할 때의 문제점은 다음과 같다.

- 한 번에 하나의 요청/응답만 전송이 이루어진다. 모든 전송이 끝날 때까지 파싱해야 한다.
- 파싱에 얼마나 많은 메모리가 사용될지 알 수 없다. 이는 많은 질문을 낳는다. 한 줄을 읽어 어떤 버퍼에 넣을 것인가? 그 줄이 너무 길면 어떻게 할 것인가? 버퍼 크기를 늘려서 재할당해야 하는가, 아니면 400 오류를 반환해야 하는가? 이런 유형의 질문을 통해, 효율적이고 빠른 메모리 작업이 쉽지 않음을 알 수 있다.

반면에, 프레임을 사용하면 수신자는 무엇을 수신할지를 미리 알 수 있다. 프레임 형식의 프로토콜, 특히 h2는 프레임의 전체 크기를 알려주는 길이^{Length} 필드로 시작한다. [그림 5-1]은 HTTP/2 프레임 구조를 보여준다.

그림 5-1 HTTP/2 프레임 헤더

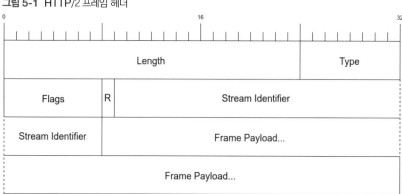

처음 9 bytes(옥텟)는 모든 프레임마다 동일하다. 이 9 bytes만 읽으면 전체 프레임의 바이트 크기를 정확하게 알 수 있다. 각 필드에 대한 설명은 [표 5-1]을 참조하라.

표 5-1 HTTP/2 프레임 헤더 필드

이름	길이	설명
Length	3 bytes	프레임 페이로드의 길이를 표시(2^{14} ~ $2^{24}-1$ bytes). 최대 프레임 크기의 기본값은 2^{14} bytes며, 더 큰 프레임 크기는 SETTINGS 프레임으로 요청해야 한다.
Type	1 byte	프레임의 유형을 표시([표 5-2] 참조)

Flags	1 byte	프레임 유형별 플래그
R	1 bit	예약된 비트로 설정해서는 안 된다. 설정하면 심각한 결과를 초래할 수 있다.
Stream Identifier	31 bits	각 스트림의 고유 식별자
Frame Payload	가변	실제 프레임 내용. 프레임 페이로드의 길이가 길이 필드에 표시된다.

이제 모든 것이 결정되어 있기 때문에, 파싱 로직은 다음과 같을 것이다.

```
loop
 Read 9 bytes off the wire
 Length = the first three bytes
 Read the payload based on the length.
 Take the appropriate action based on the frame type.
end loop
```

이것은 작성하고 관리하기 훨씬 더 쉽다. 또한 h1의 구분자 형식에 비해 매우 중요한 두 번째 장점이 있다. h1에서는 완전한 요청이나 응답을 전송한 후에야 다음 요청/응답을 전송할 수 있었다. h2에서는 프레임 형식 덕분에, 요청과 응답을 서로 뒤섞는 방식, 즉 다중화가 가능하다. 다중화는 3.1.3절 'HTTP/1의 문제점'의 'HOL 블로킹'에서 설명한 HOL 블로킹과 같은 문제를 해결하는 데 도움을 준다.

HTTP/2 프로토콜에는 10개의 프레임 유형이 있다. [표 5-2]에서 간략한 설명을 볼 수 있으며, 각각에 대해 더 자세히 알고 싶다면 부록 A를 바로 확인해도 좋다.

표 5-2 HTTP/2 프레임 유형

이름	ID	설명
DATA	0x0	특정 스트림의 핵심 내용을 전송한다.
HEADERS	0x1	HTTP 헤더를 포함하며, 선택적으로 우선순위를 포함할 수 있다.
PRIORITY	0x2	스트림 우선순위와 의존성을 표시 또는 변경한다.
RST_STREAM	0x3	엔드포인트가 스트림을 닫도록 허용한다(보통, 오류가 발생한 경우).
SETTINGS	0x4	연결 매개변수를 주고받는다.

PUSH_PROMISE	0x5	서버가 무언가를 보내려 한다는 사실을 클라이언트에 알려준다.
PING	0x6	연결을 시험하고 RTT를 측정한다.
GOAWAY	0x7	상대방이 새로운 스트림 수신했음을 엔드포인트에 알려준다.
WINDOW_UPDATE	0x8	엔드포인트가 얼마나 많은 바이트를 수신할 수 있는지 주고받는다(흐름 제어에 사용).
CONTINUATION	0x9	HEADER 블록을 확장하는 데 사용한다.

HTTP/2 확장하기

HTTP/2는 extension 프레임이라는 새로운 프레임 유형을 처리하는 기능이 있다. 이 기능은 클라이언트와 서버 구현자가 완전히 새로운 프로토콜을 만들 필요 없이 새 프레임 유형을 시험할 수 있는 메커니즘을 제공한다. 규격상 판독하지 못하는 프레임은 폐기하게 되어 있기 때문에, 새 프레임 유형이 핵심 프로토콜 동작에 영향을 주어서는 안 된다. 물론 애플리케이션이 새 프레임 유형을 사용할 때 중간에 위치한 프락시가 그 프레임을 폐기해 버리는 경우도 문제가 될 수 있다.

5.4 스트림

HTTP/2 규격에서는 스트림^{stream}을 'HTTP/2 연결이 이루어진 클라이언트와 서버 사이에서 독립적이고 양방향으로 교환되는 일련의 프레임 모음'으로 정의하고 있다. 스트림은 하나의 연결 위에서 개별 HTTP 요청/응답의 쌍을 구성하는 일련의 프레임 모음으로 생각할 수 있다. 클라이언트는 요청을 할 때 새 스트림을 개시한다. 그러면 서버는 동일한 스트림 위에서 응답한다. 이는 h1의 요청/응답 흐름과 비슷하지만, 중요한 차이점으로 h2에서는 프레이밍 덕분에 다수의 요청과 응답이 서로를 차단하지 않고 뒤섞여 배치될 수 있다. 스트림 식별자(프레임 헤더의 6~9번째 바이트)는 프레임이 어떤 스트림에 속해 있는지를 나타낸다.

클라이언트는 서버와 h2 연결을 수립한 후, HEADERS 프레임을 전송해 새 스트림을 시작하며, 헤더가 다수의 프레임에 걸쳐 전송되어야 한다면 CONTINUATION 프레임을 사용할 수 있다(CONTINUATION 프레임에 대한 더 자세한 내용은 'CONTINUATION 프레임' 보충 설명을 참조하라). 이 HEADERS 프레임은 보통 HTTP 요청이나 응답을 포함한다. 그다음 스트림은 스트림 식별자를 증가시킨 새 HEADERS 프레임을 전송하면 개시된다.

CONTINUATION 프레임

HEADERS 프레임의 플래그 필드에 END_HEADERS 비트를 설정하면 더 이상 전송할 헤더가 없음을 나타낸다. HEADERS 프레임 하나로 HTTP 헤더를 수용하지 못하는 경우(예를 들어, 프레임의 크기가 현재 최대 프레임 크기 설정값보다 더 큰 경우), END_HEADERS 플래그는 설정되지 않고 하나 이상의 CONTINUATION 프레임이 뒤이어 전송된다. CONTINUATION 프레임을 특별한 경우의 HEADERS 프레임으로 생각할 수 있다. HEADERS 프레임을 다시 사용하지 않고, 특별한 프레임을 사용하는 이유는 무엇일까? HEADERS 프레임을 재사용한다면, 뒤에 전송되는 HEADERS 프레임 페이로드에 적절한 처리를 해주어야 한다. 프레임 헤더를 반복해서 붙일 것인가? 그렇게 했을 때, 프레임 사이에 충돌이 발생하면 어떻게 할 것인가? 프로토콜 개발자들은 언젠가 문제의 근원이 될 수도 있기 때문에 이처럼 모호한 경우를 좋아하지 않는다. 이를 고려해, 워킹 그룹은 구현상의 혼란을 피하기 위해 그 목적을 명시한 프레임 유형을 추가하도록 결정했다.

HEADERS와 CONTINUATION 프레임은 순차 전송되어야 한다는 요건 때문에, CONTINUATION 프레임을 사용하면 다중화의 이점을 얻을 수 없거나 적어도 반감시킨다는 점에 주의해야 한다. CONTINUATION 프레임은 중요한 용도(큰 헤더)가 있지만 꼭 필요할 때만 사용해야 한다.

5.4.1 메시지

HTTP 메시지란, HTTP 요청이나 응답을 일컫는 총칭이다. 앞 절에서 언급한 것처럼, 요청/응답 메시지의 쌍을 전송하기 위해 스트림이 생성된다. 하나의 메시지는 최소한 하나의 HEADERS 프레임(스트림을 개시한다)으로 구성되어 있으며, HEADERS 프레임뿐만 아니라 CONTINUATION과 DATA 프레임도 추가로 포함할 수 있다. [그림 5-2]는 일반적인 GET 요청의 예시 흐름을 보여준다.

그림 5-2 GET 요청 메시지와 응답 메시지

스트림 ID : 0x1

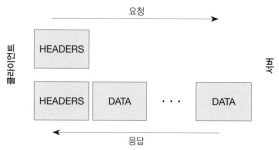

또한 [그림 5-3]은 POST 메시지의 프레임 흐름을 보여준다. POST는 보통 클라이언트가 전송한 데이터가 포함되어 있다는 점이 GET과 다르다는 것을 기억해야 한다.

그림 5-3 POST 요청 메시지와 응답 메시지

스트림 ID : 0x1

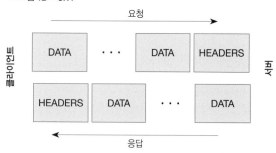

요청/응답이 메시지 헤더와 메시지 본문으로 나누어지는 h1과 마찬가지로, h2 요청/응답도 HEADERS와 DATA 프레임으로 나누어진다.

참고로, HTTP 메시지는 HTTP/1.1의 RFC 7230에 정의되어 있다[3].

다음은 HTTP/1과 HTTP/2 메시지 간 눈에 띄는 차이 몇 가지다.

모든 것이 다 헤더다

h1은 메시지를 요청/상태 줄과 헤더로 나눈다. h2는 이런 구분을 없애고 그 줄들을 특별한 가

----

3 https://tools.ietf.org/html/rfc7230

상pseudo 헤더로 합친다. 다음은 HTTP/1.1에서 요청과 응답의 한 예다.

```
GET / HTTP/1.1
Host: www.example.com
User-agent: Next-Great-h2-browser-1.0.0
Accept-Encoding: compress, gzip

HTTP/1.1 200 OK
Content-type: text/plain
Content-length: 2
...
```

HTTP/2에서는 다음과 같다.

```
:scheme: https
:method: GET
:path: /
:authority: www.example.com
User-agent: Next-Great-h2-browser-1.0.0
Accept-Encoding: compress, gzip

:status: 200
content-type: text/plain
```

요청과 상태 줄이 :scheme, :method, :path, :status 헤더로 나누어진 것에 주목하자. 또한 이러한 h2 헤더의 표현이 그대로 전송되지는 않는다는 것을 기억해야 한다. HEADERS 프레임의 설명은 A.3절 'HEADERS'의 'HEADERS 프레임 필드'에서 볼 수 있으며, 5.6절 '헤더 압축(HPACK)'에서도 더 많은 정보를 찾을 수 있다.

청크 분할 인코딩이 필요 없다

프레임의 세계에서 청크 분할이 필요한가? 청크 분할은 데이터의 길이를 미리 알릴 필요 없이 데이터를 전송하는 데 사용되었다. 프레임이 핵심 프로토콜의 일부인 h2에서는 더 이상 청크 분할이 필요 없다.

101 응답이 필요 없다

'101 Switching Protocols' 응답은 h1에서 간혹 예상하지 못한 오류를 일으키곤 한다. 이 응답은 웹소켓 연결로 업그레이드하는 데 가장 흔히 사용된다. ALPN은 더 적은 왕복 오버헤드로 더 명확한 프로토콜 협상 경로를 제공한다.

5.4.2 흐름 제어

스트림 흐름 제어^{flow control}는 h2의 새로운 기능 중 하나다. h1에서는 서버가 클라이언트의 수신 가능 속도를 고려하여 데이터를 전송하는 반면에, h2에서는 클라이언트가 전송 속도를 조절하는 기능을 제공한다(h2에서는 거의 모든 것이 대칭적이므로 서버도 같은 기능을 할 수 있다). 흐름 제어 정보는 WINDOW_UPDATE 프레임에 지정된다. 송신자는 자신이 수신할 수 있는 바이트 수를 프레임에 표시하여 상대측 엔드포인트에 알려준다. 상대측 엔드포인트는 전송된 데이터를 수신하여 처리한 후, WINDOW_UPDATE 프레임을 전송하여 자신이 수신할 수 있는 바이트 수를 갱신한다(초기의 많은 HTTP/2 구현자들은 데이터를 제대로 수신하지 못하는 문제에 대한 답을 찾기 위해 윈도우 업데이트 절차를 디버깅하느라 많은 시간을 보냈다). 이러한 제한 사항을 준수하는 것은 송신자의 책임이다.

클라이언트가 흐름 제어를 하는 이유는 다양하다. 매우 현실적인 이유 하나는 여러 스트림이 서로 방해하지 않게 하기 위해서다. 또는, 클라이언트가 사용 가능한 대역폭이나 메모리를 제한하여, 처리할 수 있는 만큼만 데이터가 전송되도록 하면 효율성이 개선될 수 있다. 흐름 제어를 끌 수는 없지만, 흐름 제어 윈도우 크기를 최댓값인 $2^{31}-1$로 설정하면, 적어도 2GB 미만의 파일에 대해서는 실질적으로 비활성화할 수 있다. 유념해야 할 또 다른 경우는 중재자가 있을 때다. 때로는 HTTP 연결을 종료시킨 프락시나 CDN을 통해 콘텐츠가 전송되기도 한다. 프락시의 양측은 각각 다른 처리 능력을 갖출 수 있기 때문에, 흐름 제어를 사용하면 프락시는 양측을 계속 조율하여 프락시 자원을 과도하게 사용할 필요를 최소화할 수 있다.

5.4.3 우선순위

스트림의 마지막 중요한 특성은 의존성^{dependency}이다. 현대의 브라우저는 웹 페이지에서 가장 중요한 요소를 먼저 요청하며, 이 덕분에 최적의 순서로 개체를 가져올 수 있어 성능이 개선되었다. 브라우저는 HTML을 수신하고 나면, 화면을 그리기 위해 CSS와 자바스크립트 같은 것을 요구한다. 다중화가 없다면, 응답이 완료되기를 기다린 후에야 새 개체를 요청할 수 있다. h2에서는, 클라이언트는 모든 자원 요청을 동시에 보낼 수 있고, 서버는 그 요청들의 처리를 한번에 시작할 수 있다. 여기에는 브라우저가 h1의 암묵적인 우선순위 체계를 사용할 수 없다는 문제가 있다. 서버가 동시에 100개의 요청을 수신했을 때, 무엇이 더 중요한지에 대한 표시가 없으면, 서버는 모든 것을 거의 동시에 전송하여 덜 중요한 요소가 더 중요한 요소를 방해하게 될 것이다.

HTTP/2는 스트림 의존성을 통해 이를 해결한다. HEADERS와 PRIORITY 프레임을 사용하면, 클라이언트는 필요한 콘텐츠와 그 콘텐츠를 전송할 순서를 쉽게 주고받을 수 있다. 이는 의존성 트리^{tree}와 그 트리 안에 상대적인 가중치^{weight}를 선언하여 이루어진다.

• 의존성은 특정 개체에 의존하는 다른 개체가 있음을 표시하여 그 특정 개체를 우선 전송해야 한다는 것을 클라이언트가 서버에 알려줄 방법을 제공한다.

• 가중치를 사용하면, 공통 의존성이 있는 개체들의 우선순위를 정하는 방법을 클라이언트가 서버에 알려줄 수 있다.

다음의 간단한 웹사이트 예를 보자.

- index.html
  - header.jpg
  - critical.js
  - less_critical.js
  - style.css
  - ad.js
  - photo.jpg

기준 HTML 파일을 수신한 후, 클라이언트는 파싱을 하고 의존성 트리를 만든 다음, 트리 안의 요소들에 가중치를 할당할 수 있다. 이번 예에서는 다음과 같은 트리를 가정할 수 있다.

- index.html
  - style.css
  - critical.js
    - less_critical.js (가중치 20)
    - photo.jpg (가중치 8)
    - header.jpg (가중치 8)
    - ad.js (가중치 4)

이 의존성 트리에서, 클라이언트는 다른 무엇보다 style.css가 먼저 필요하며, 다음으로 critical.js가 필요하다고 알려준다. 이 두 파일이 없으면, 브라우저는 웹 페이지 렌더링을 진행할 수 없다. critical.js를 수신한 후, 클라이언트는 나머지 개체들에 상대적 가중치를 부여한다. 가중치는 개체를 전송하는 데 들여야 할 상대적인 '노력'의 크기를 의미한다. 이번 예에서는 less_critical.js가 전체 가중치의 합계인 40 중 20의 가중치를 가진다. 이는 서버가 다른 3개의 개체에 비해 less_critical.js를 전송하는 데 절반 가량의 시간이나 자원을 사용해야 함을 의미한다. 잘 동작하는 서버는 클라이언트가 개체들을 가능한 한 빨리 받을 수 있도록 최선을 다할 것이다. 결국, 무엇을 할지와 어떻게 우선순위를 따를지는 서버에 달려 있다. 서버는 최선이라고 판단한 대로 실행한다. 우선순위를 지능적으로 처리하는 것이 h2 통신이 가능한 웹 서버들 간의 성능을 판가름하는 중요한 요소가 될 것이다.

5.5 서버 푸시

특정 개체의 성능을 개선하는 가장 좋은 방법은 그 개체가 요청되기 전에 브라우저의 캐시에 미리 가져다 두는 것이다. 이것이 바로 HTTP/2의 서버 푸시^{Server Push} 기능의 목표다. 서버는 가까운 미래에 특정 개체가 필요하리라는 것을 알 수 있기 때문에 푸시를 통해 클라이언트에 그 개체를 미리 전송할 수 있다. 서버가 임의로 클라이언트에 개체를 전송하도록 허용하면, 성능과 보안을 포함한 여러 면에서 문제가 발생할 수 있으므로 이것은 단순히 푸시를 하는 것에 관한 문제가 아니라, 어떻게 푸시를 잘 할 것인가에 관한 문제다.

5.5.1 개체 푸시하기

서버는 개체를 푸시(RFC에는 '응답을 푸시한다'고 표현되어 있다)하기로 결정하면 PUSH_PROMISE 프레임을 구성한다. 이 프레임에는 다음과 같은 여러 중요한 속성이 있다.

- PUSH_PROMISE 프레임 헤더의 스트림 ID는 응답과 쌍을 이루는 요청의 스트림 ID다. 푸시된 응답은 클라이언트가 이미 보낸 요청과 항상 연관되어 있다. 예를 들어, 브라우저가 기준 HTML 페이지를 요청하면, 서버는 그 HTML 페이지의 자바스크립트 개체에 대한 PUSH_PROMISE 프레임을 해당 요청의 스트림 ID로 구성한다.

- PUSH_PROMISE 프레임은 클라이언트가 개체를 요청할 때 전송하는 것과 동일한 헤더 블록^{header block}을 가진다. 이를 통해 클라이언트는 전송받을 콘텐츠에 대한 무결성 검사를 할 수 있다.

- 전송할 개체는 캐싱할 수 있어야 한다.

- :method 헤더 필드는 안전해야 한다. 여기서 안전하다는 것은 멱등적^{idempotent}이어야 한다는 의미로, 무언가로 인해 상태가 변하지 않는다는 것을 고급스럽게 표현한 말이다. 예를 들어, GET 요청은 (일반적으로) 개체를 가져오기만 하므로 멱등적인 반면에, POST 요청은 서버측 상태가 변경될 수 있으므로 비멱등적^{nonidempotent}이다.

- 이상적으로, PUSH_PROMISE 프레임은 푸시될 개체에 대한 정보를 담은 DATA 프레임을 클라이언트가 수신하기 전에 전송이 완료되어야 한다. 예를 들어, 서버가 PUSH_PROMISE를 전송하기 전에 전체 HTML을 전송하게 되면, 클라이언트는 PUSH_PROMISE를 수신하기도 전에 그 개체에 대한 요청을 이미 전송해 버렸을 수도 있다. h2 프로토콜은 이런 상황을 자연스럽게 처리할 수 있을 만큼 견고하지만, 무의미한 노력과 기회가 소모된 것은 돌이킬 수 없다.

- PUSH_PROMISE 프레임에는 다음에 전송될 응답의 스트림 식별자가 지정된다.

NOTE_ 클라이언트가 스트림 식별자를 선택할 때는 1부터 시작해 새 스트림마다 2씩 증가한다. 서버가 PUSH_PROMISE에 지정된 새 스트림을 개시할 때는 2부터 시작해 짝수를 사용한다. 이는 클라이언트와 서버 사이에서 스트림 ID의 경쟁 상황을 피하고, 어떤 개체들이 푸시되었는지를 쉽게 식별하기 위한 것이다. 스트림 0은 전반적인 연결 제어 메시지용으로 예약되어 있으며 새 스트림에는 사용할 수 없다.

앞서 나열한 PUSH_PROMISE의 조건이 충족되지 않으면, 거부 사유에 따라 클라이언트는 새 스트림을 재설정(RST_STREAM 프레임을 전송)하거나 PROTOCOL_ERROR를 전송(GOAWAY 프레임)할 수 있다. 한 가지 흔한 경우가 바로 해당 개체가 캐시에 이미 있는 경우다. 오류 응답은 안전하지 않은 메서드를 사용한 경우처럼 PUSH_PROMISE의 프로토콜 수준에서 문제가 발생했거나 클라이언트가 SETTINGS 프레임에 푸시를 허용하지 않겠다고 지정했는데도 서버가 푸시를 전송한 경우에 발생한다. 서버는 PUSH_PROMISE를 전송한 즉시 스트림을 시작할 수 있으므로, 전송 중인 푸시를 취소하더라도 이미 많은 자원이 전송되어 버렸을 수도 있다는 점에 주목할 필요가 있다. 올바른 것만 푸시해야 성능상 중요한 기능을 할 수 있다.

클라이언트가 푸시를 거부하지 않으면, 서버는 PUSH_PROMISE에 지정한 새 스트림 식별자로 개체를 전송한다([그림 5-4] 참조).

그림 5-4 서버 푸시 메시지 흐름

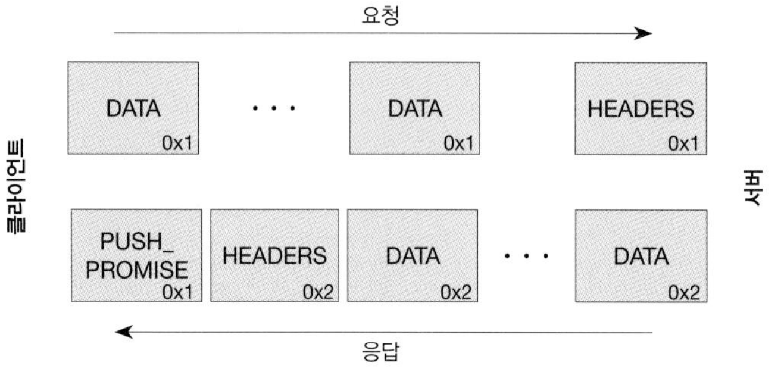

5.5.2 푸시할 대상 선정하기

애플리케이션에 따라서는 푸시할 대상을 결정하기가 까다롭거나 매우 복잡할 수도 있다. 예를 들어, 간단한 HTML 페이지 하나를 생각해보자. 서버가 이 HTML 페이지에 대한 요청을 수신하면, 그 페이지의 개체들을 푸시할지, 클라이언트의 요청을 기다릴지 결정해야 한다. 이 결정 절차는 다음을 고려해야 한다.

- 개체가 이미 브라우저의 캐시에 있을 가능성
- 클라이언트의 관점에서 본 개체의 추정 우선순위(5.4.3절 '우선순위' 참조)
- 푸시를 수신하는 클라이언트의 능력에 영향을 미칠 수 있는 가용 대역폭 등의 자원

서버가 올바로 결정한다면, 전반적인 페이지의 성능에 실질적으로 도움이 될 수 있지만, 잘못된 결정은 역효과를 가져올 수 있다. 이것이 아마도 SPDY가 이 기능을 도입한 지 5년이 넘은 오늘날에도 범용 푸시 솔루션이 그리 흔하지 않은 이유다.

h2로 통신하는 API나 애플리케이션 같은 특수한 경우에는 가까운 미래에 무엇이 필요할지와 클라이언트가 무엇을 캐싱하고 있는지 더 쉽게 판단할 수 있다. 애플리케이션에 업데이트를 전송하는 서버를 생각해보라. 이것이 단기적으로는 푸시의 혜택을 가장 많이 볼 수 있는 경우다.

5.6 헤더 압축(HPACK)

3.1.3절 'HTTP/1의 문제점의 비대한 메시지 헤더'에서 언급한 것처럼, 웹 페이지당 평균 요청 수는 약 140개, HTTP 요청당 평균 크기는 460 bytes로, 웹 페이지당 전체 요청의 크기는 총 63KB에 달한다. 이 때문에 최적의 환경에서도 상당한 지연이 발생하지만, 혼잡한 WiFi나 열악한 무선 연결 환경에서는 고통스러울 정도로 상황이 악화될 수 있다. 진짜 문제는 여러 요청 사이에는 완전히 새롭고 고유한 바이트는 거의 없다는 점이다. 이것이 압축이 필요한 이유다.

헤더 압축은 HTTP/2의 핵심이라고 처음부터 알려졌다. 그러나 어떻게 압축해야 하는가? 디플레이트 헤더 압축을 사용해 프레임을 암복호화하는 SPDY는 CRIME 취약점 공격의 대상이 되었기 때문에, SPDY에서 사용하던 접근법은 제외되었다. GZIP에 필적하는 압축 성능을 가지면서도 CRIME 공격을 방어할 수 있는 메커니즘이 필요했다.

많은 혁신적인 아이디어를 검토한 끝에, HPACK이 제안되었다. HPACK은 테이블 참조 압축 알고리즘으로, 허프만^{Huffman} 인코딩을 활용해 GZIP에 버금가는 압축률을 달성한다. HPACK의 동작 방식은 다음의 간단한 예제로 잘 이해할 수 있다.

웹 페이지와 그 의존 개체를 내려받는 데는 많은 요청이 필요하다. 이 요청 수는 웹 페이지 하나에 보통 수백 개에 달한다. 이 요청들은 대개 매우 유사한 경향이 있다. 예를 들어, 다음 두 개의 요청을 살펴보자. 이 두 요청은 전체 웹 페이지를 요청하느라 하나의 브라우저 세션에서 연이어 전송된다. 두 요청 메시지에서 차이가 나는 부분은 굵은 글자로 강조했다.

요청 #1:

:authority: www.akamai.com

:method: GET

:path: /

:scheme: https

accept: text/html,application/xhtml+xml

accept-language: en-US,en;q=0.8

cookie: last_page=286A7F3DE

upgrade-insecure-requests: 1

user-agent: Awesome H2/1.0

요청 #2:

:authority: www.akamai.com

:method: GET

:path: **/style.css**

:scheme: https

accept: text/html,application/xhtml+xml

accept-language: en-US,en;q=0.8

cookie: last_page=***398AB8E8F**

upgrade-insecure-requests: 1

user-agent: Awesome H2/1.0

두 번째 요청 중 많은 부분이 첫 번째 요청을 반복하고 있음을 볼 수 있다. 첫 번째 요청은 약 220 bytes며, 두 번째는 약 230 bytes다. 그러나 단 20 bytes만 차이가 난다. 그 20 bytes만 전송한다면 전송 바이트 수를 90% 정도 줄일 수 있을 것이다. 이것이 HPACK의 기본 동작 방식이다.

다음은 HPACK의 동작을 설명하기 위해 단순하게 만든 예다. 현실은 훨씬 더 삭막하고 이상향과는 거리가 멀다. HPACK에 관해 더 많이 알고 싶다면, RFC 7541 「HPACK: Header Compression for HTTP/2[4]」를 읽어보길 바란다.

클라이언트가 다음 헤더를 순서대로 전송한다고 가정하자.

- Header1 : foo
- Header2 : bar
- Header3 : bat

클라이언트는 요청을 전송할 때, 특정 헤더와 그 값을 색인해야 한다고 헤더 블록에 표시할 수 있다. 클라이언트는 다음과 같은 테이블을 생성한다.

색인 번호	이름	값
62	Header1	foo
63	Header2	bar
64	Header3	bat

서버는 그 헤더를 읽고, 동일한 테이블을 생성한다. 클라이언트는 다음 요청을 전송할 때, 헤더가 동일하다면 단순히 다음과 같은 헤더 블록만 전송할 수 있다.

```
62 63 64
```

그러면 서버는 테이블을 참조하여 각 색인 번호에 해당하는 전체 헤더로 확장한다.

여기에서의 중요한 의미 중 하나는 모든 연결은 상태를 유지한다는 점이며, 이는 h1 프로토콜은 지원하지 않는 특징이다.

---

4 https://tools.ietf.org/html/rfc7541

실제 HPACK은 훨씬 더 복잡하다. 다음은 알아둘 필요가 있는 몇 가지 사실이다.

- 사실, 요청과 응답 양쪽에 각각 두 개의 테이블이 생성된다. 하나는 앞의 예와 비슷한 방식으로 생성되는 동적 테이블이다. 다른 하나는 가장 흔히 사용되는 61개의 헤더 이름과 값의 조합으로 구성된 정적 테이블이다. 예를 들어, :method: GET은 정적 테이블의 색인 번호 2에 있다. 정적 테이블은 61개의 항목으로 정의되어 있으며, 이것이 앞의 예에서 색인 번호가 62부터 시작한 이유다.
- 항목을 색인하는 방식에는 다음과 같은 여러 방식이 있다.
  - 문자 값과 색인 번호를 전송(앞의 예와 동일)
  - 문자 값을 전송하고 색인하지 않음(일회성이거나 민감한 헤더인 경우)
  - 헤더 이름을 문자 값과 함께 전송하고 색인하지 않음(:path: /foo.html과 같이 값이 항상 변하는 경우)
  - 헤더와 값에 대한 색인 번호만 전송(앞의 예의 두 번째 요청)
- 높은 압축 효율성을 위해 정수 압축 알고리즘을 사용한다.
- 높은 문자열 압축률을 위해 허프만 코딩 테이블을 사용한다.

시험 결과에 따르면, HPACK은 매우 잘 동작하며, 특히 대용량 헤더(쿠키 등)가 반복 전송되는 사이트에서 더 효율적인 것으로 밝혀졌다. 특정 웹사이트로 전송되는 많은 요청에서 헤더가 반복되기 때문에, HPACK의 테이블 참조 메커니즘은 이러한 반복 전송을 효율적으로 제거해 준다.

5.7 전송 절차

이제 HTTP/2 요청과 응답을 파헤쳐보자. 다시 한번 말하지만, 여기에서는 보기 쉽도록 평문으로 표기하지만 실제로 h2는 압축된 바이너리 형태로 전송된다.

5.7.1 간단한 GET

GET은 HTTP에서 가장 많이 사용되는 요청이다. GET은 단순히 이름이 의미하는 대로 동작한다. 즉, GET은 서버에서 자원을 가져오는 일을 한다. 예를 들어, [예제 5-1]의 akamai.com으로 보내는 GET 요청을 보자(쉬운 이해를 위해 불필요한 줄은 생략함).

예제 5-1 HTTP/2 GET 요청

```
:authority: www.akamai.com
:method: GET
:path: /
:scheme: https
accept: text/html,application/xhtml+xml,...
accept-language: en-US,en;q=0.8
cookie: sidebar_collapsed=0; _mkto_trk=...
upgrade-insecure-requests: 1
user-agent: Mozilla/5.0 (Macintosh;...
```

이 요청은 GET 메서드를 사용해 HTTPS로 www.akamai.com의 초기 페이지를 요청한다.
[예제 5-2]는 이에 대한 응답을 보여준다.

> **NOTE_** :authority라는 헤더 이름이 이상해 보일 수도 있다. 왜 :host를 사용하지 않을까? 그 이유는 이 헤더가 HTTP/1.1의 Host 헤더보다는 URI의 Authority 영역과 유사하기 때문이다. Authority 영역은 호스트 정보가 들어 있으며, 선택적으로 포트 번호도 포함하므로, Host 헤더의 역할을 훌륭히 해낸다. URI RFC[5]를 미리 읽어 본 독자들을 위해 알려주지만, Authority의 User Information 부분(즉, username과 password)은 h2에서는 명시적으로 금지되어 있다.

예제 5-2 HTTP/2 GET 응답(헤더만 표시)

```
:status: 200
cache-control: max-age=600
content-encoding: gzip
content-type: text/html;charset=UTF-8
date: Tue, 31 May 2016 23:38:47 GMT
etag: "08c024491eb772547850bf157abb6c430-gzip"
expires: Tue, 31 May 2016 23:48:47 GMT
link: <https://c.go-mpulse.net>;rel=preconnect
set-cookie: ak_bmsc=8DEA673F92AC...
vary: Accept-Encoding, User-Agent
x-akamai-transformed: 9c 237807 0 pmb=mRUM,1
x-frame-options: SAMEORIGIN
```

〈이후, DATA 프레임 계속〉

---

5 https://www.ietf.org/rfc/rfc3986.txt

이 응답에서 서버는 요청이 성공했고(200 상태 코드), 쿠키를 설정했으며(set-cookie 헤더), 콘텐츠가 gzip으로 압축되어 있다(content-encoding 헤더)는 것 외에도 다른 많은 중요한 정보를 알려주고 있다.

이제 이 간단한 GET을 위해 무엇이 전송되는지를 살펴보자. 타츠히로 츠지카와가 만든 훌륭한 도구인 nghttp를 사용하면, h2 내부의 모든 것을 보여주는 상세 출력을 얻을 수 있다.

```
$ nghttp -v -n --no-dep -w 14 -a -H "Header1: Foo" https://www.akamai.com
```

이 명령어는 윈도우 크기를 16KB(2^{14})로 설정하고, 임의의 헤더를 추가한 후, 페이지에서 몇 가지 핵심 정보를 내려받도록 요청한다. 다음은 이 명령어의 출력 결과에 설명을 단 것이다.

```
[ 0.047] Connected
The negotiated protocol: h2 ———❶
[ 0.164] send SETTINGS frame <length=12, flags=0x00, stream_id=0> ———❷
    (niv=2)
    [SETTINGS_MAX_CONCURRENT_STREAMS(0x03):100
    [SETTINGS_INITIAL_WINDOW_SIZE(0x04):16383] ———❸
```

nghttp를 살펴보자.

❶ h2 협상이 성공했다.

❷ 규격에 따라, SETTINGS 프레임을 전송한다.

❸ 명령어에 지정한 대로 윈도우 크기를 16KB로 설정한다.

연결 수준의 정보(이 출력 결과에서는 연결 전문을 볼 수 없지만, SETTINGS 프레임 이전에 이미 전송되었다)이므로 stream_id를 0으로 사용한 것에 주목하자.

출력 결과를 계속해서 보자.

```
[ 0.164] send HEADERS frame <length=45, flags=0x05, stream_id=1>
    ; END_STREAM | END_HEADERS ———❹
    (padlen=0)
    ; Open new stream
    :method: GET
    :path: /
```

```
:scheme: https
:authority: www.akamai.com
accept: */*
accept-encoding: gzip, deflate
user-agent: nghttp2/1.9.2
header1: Foo ———❺
```

여기에서는 요청의 헤더 블록을 볼 수 있다.

❹ 클라이언트(nghttp)는 END_HEADERS와 END_STREAM 플래그를 전송한다. 이는 서버에 더 이상 전송할 헤더가 없으며, 데이터도 전송하지 않을 것임을 알려준다. 만약 이 요청이 POST 방식이라면, END_STREAM 플래그는 이 시점에 전송되지 않을 것이다.

❺ 이것은 nghttp 명령어에 임의로 추가한 헤더다.

```
[ 0.171] recv SETTINGS frame <length=30, flags=0x00, stream_id=0> ———❻
        (niv=5)
        [SETTINGS_HEADER_TABLE_SIZE(0x01):4096]
        [SETTINGS_MAX_CONCURRENT_STREAMS(0x03):100]
        [SETTINGS_INITIAL_WINDOW_SIZE(0x04):65535]
        [SETTINGS_MAX_FRAME_SIZE(0x05):16384]
        [SETTINGS_MAX_HEADER_LIST_SIZE(0x06):16384]
[ 0.171] send SETTINGS frame <length=0, flags=0x01, stream_id=0> ———❼
        ; ACK
        (niv=0)
[ 0.197] recv SETTINGS frame <length=0, flags=0x01, stream_id=0>
        ; ACK
        (niv=0)
```

❻ nghttpd는 서버의 SETTINGS 프레임을 수신한다.

❼ SETTINGS 프레임에 대한 확인(ACK)을 송수신한다.

```
[ 0.278] recv (stream_id=1, sensitive) :status: 200 ———❽ ❾
[ 0.279] recv (stream_id=1, sensitive) last-modified: Wed, 01 Jun 2016 ...
[ 0.279] recv (stream_id=1, sensitive) content-type: text/html;charset=UTF-8
[ 0.279] recv (stream_id=1, sensitive) etag: "0265cc232654508d14d13deb...gzip"
[ 0.279] recv (stream_id=1, sensitive) x-frame-options: SAMEORIGIN
[ 0.279] recv (stream_id=1, sensitive) vary: Accept-Encoding, User-Agent
[ 0.279] recv (stream_id=1, sensitive) x-akamai-transformed: 9 - 0 pmb=mRUM,1
[ 0.279] recv (stream_id=1, sensitive) content-encoding: gzip
```

```
[ 0.279] recv (stream_id=1, sensitive) expires: Wed, 01 Jun 2016 22:01:01 GMT
[ 0.279] recv (stream_id=1, sensitive) date: Wed, 01 Jun 2016 22:01:01 GMT
[ 0.279] recv (stream_id=1, sensitive) set-cookie: ak_bmsc=70A833EB...
[ 0.279] recv HEADERS frame <length=458, flags=0x04, stream_id=1> ——————⓾
    ; END_HEADERS
    (padlen=0)
    ; First response header
```

이제 서버의 응답 헤더를 보자.

❽ stream_id 1은 이 스트림이 어떤 요청과 연관된 것인지 알려준다(여기서는 하나의 요청만 전송했지만 삶이 항상 이렇게 편하지는 않다).

❾ nghttpd는 서버로부터 200 상태 코드를 수신한다. 성공!

⓾ 이번에는 전송할 DATA 프레임이 있기 때문에 END_STREAM이 전송되지 않았다는 점에 주목하라.

```
[ 0.346] recv DATA frame <length=2771, flags=0x00, stream_id=1> ——————⓫
[ 0.346] recv DATA frame <length=4072, flags=0x00, stream_id=1>
[ 0.346] recv DATA frame <length=4072, flags=0x00, stream_id=1>
[ 0.348] recv DATA frame <length=4072, flags=0x00, stream_id=1>
[ 0.348] recv DATA frame <length=1396, flags=0x00, stream_id=1>
[ 0.348] send WINDOW_UPDATE frame <length=4, flags=0x00, stream_id=1>
```

⓫ 마침내, 해당 스트림의 데이터를 수신했다. 5개의 DATA 프레임과 WINDOW_UPDATE 프레임이 연이어 수신되었다. 클라이언트는 10,915bytes의 DATA 프레임을 처리했으며, 데이터를 추가로 처리할 준비가 되었음을 서버에 알려준다. 이 스트림이 아직 종료되지 않고 계속 사용되고 있음을 주목하라. 클라이언트는 할 일이 많지만 다중화 덕분에 모두 처리할 수 있다.

```
[ 0.348] send HEADERS frame <length=39, flags=0x25, stream_id=15> ——————⓬
    :path: /styles/screen.1462424759000.css
[ 0.348] send HEADERS frame <length=31, flags=0x25, stream_id=17>
    :path: /styles/fonts--full.css
[ 0.348] send HEADERS frame <length=45, flags=0x25, stream_id=19>
    :path: /images/favicons/favicon.ico?v=XBBK2PxW74
```

⓬ 클라이언트가 기준 HTML의 일부를 수신했으므로, 이제 그 페이지에 있는 개체들을 요청하기 시작할 수 있다. 여기서는 CSS와 파비콘favicon을 요청하기 위해 3개의 새 스트림(ID 15, 17, 19)을 생성했다(쉬운 이해를 위해 일부 프레임을 생략하거나 축약했다).

```
[ 0.378] recv DATA frame <length=2676, flags=0x00, stream_id=1>
[ 0.378] recv DATA frame <length=4072, flags=0x00, stream_id=1>
[ 0.378] recv DATA frame <length=1445, flags=0x00, stream_id=1>
[ 0.378] send WINDOW_UPDATE frame <length=4, flags=0x00, stream_id=13>
      (window_size_increment=12216)
[ 0.379] recv HEADERS frame <length=164, flags=0x04, stream_id=17> ──────⓭
[ 0.379] recv DATA frame <length=175, flags=0x00, stream_id=17>
[ 0.379] recv DATA frame <length=0, flags=0x01, stream_id=17>
      ; END_STREAM
[ 0.380] recv DATA frame <length=2627, flags=0x00, stream_id=1>
[ 0.380] recv DATA frame <length=95, flags=0x00, stream_id=1>
[ 0.385] recv HEADERS frame <length=170, flags=0x04, stream_id=19> ──────⓭
[ 0.387] recv DATA frame <length=1615, flags=0x00, stream_id=19>
[ 0.387] recv DATA frame <length=0, flags=0x01, stream_id=19>
      ; END_STREAM
[ 0.389] recv HEADERS frame <length=166, flags=0x04, stream_id=15> ──────⓭
[ 0.390] recv DATA frame <length=2954, flags=0x00, stream_id=15>
[ 0.390] recv DATA frame <length=1213, flags=0x00, stream_id=15>
[ 0.390] send WINDOW_UPDATE frame <length=4, flags=0x00, stream_id=0>
      (window_size_increment=36114)
[ 0.390] send WINDOW_UPDATE frame <length=4, flags=0x00, stream_id=15> ──────⓮
      (window_size_increment=11098)
[ 0.410] recv DATA frame <length=3977, flags=0x00, stream_id=1>
[ 0.410] recv DATA frame <length=4072, flags=0x00, stream_id=1>
[ 0.410] recv DATA frame <length=1589, flags=0x00, stream_id=1> ──────⓯
[ 0.410] recv DATA frame <length=0, flags=0x01, stream_id=1>
[ 0.410] recv DATA frame <length=0, flags=0x01, stream_id=15>
```

여기에서는 스트림이 뒤섞여 수신되고 있는 것을 볼 수 있다.

⓭ 스트림 15, 17, 19의 HEADERS 프레임을 볼 수 있다.

⓮ 스트림 0의 연결 수준의 업데이트를 포함한, 여러 번의 윈도우 업데이트를 볼 수 있다.

⓯ 스트림 1의 마지막 DATA 프레임이다.

```
[ 0.457] send GOAWAY frame <length=8, flags=0x00, stream_id=0>
      (last_stream_id=0, error_code=NO_ERROR(0x00), opaque_data(0)=[])
```

마지막으로 GOAWAY 프레임을 전송한다. 아이러니하게도 이것이 연결을 종료하는 정상적인 방법이다.

처음에는 이 흐름이 이해하기 어려울 수 있지만, 분석하는 연습을 몇 번만 더 해보라. 모든 것은 반드시 규격을 따르고, 특정 목적을 가지고 있다. 이 간단한 예에서, 흐름 제어, 다중화, 연결 설정 등 h2를 구성하는 많은 요소를 볼 수 있다. h2를 사용하는 사이트 몇 군데에서 nghttp 도구를 사용해보고, 앞의 절차처럼 잘 따라갈 수 있는지 확인해보라. 일단 시작하기만 한다면, 프로토콜을 이해하는 일은 순조로울 것이다.

5.8 요약

HTTP/2 프로토콜은 수년에 걸쳐 개발되었으며, 그 과정에서 수많은 설계, 결정, 혁신, 타협이 이루어져 왔다. 이번 장에서는 와이어샤크^{Wireshark} 덤프를 통해 h2에서 어떤 일이 일어나는지를 이해하고, h2 프로토콜을 사용할 때 발생할 수 있는 잠재적인 문제점(계속 바뀌는 쿠키?)을 찾기 위한 기본적인 방법을 소개했다. 더 많은 정보를 알고 싶다면, RFC 7540 자체가 가장 좋은 자료다. RFC는 구현자, 디버거, 탐구자 모두에게 필요한 세부 사항을 제공할 것이다.

CHAPTER 6

HTTP/2 성능

HTTP/2의 목표 중 하나는 성능 개선이다. 누군가에게는 성능이 h2로 전환해야 할 단 하나의 이유일 수도 있다. 웹 페이지를 전송하는 데는 h2가 HTTP/1.1보다 일반적으로 더 빠르긴 하지만 항상 그런 것은 아니다. h2의 성능에 영향을 주는 조건을 이해하는 것은 웹사이트를 최적화하고 최종 사용자 경험을 파악하는 데 중요한 부분이다. h2의 성능을 측정할 때는 많은 변수를 고려해야 하며, 성능 평가는 단순히 '더 느린 것'과 '더 빠른 것'을 분류하는 것보다 더 복잡한 일이다. 이번 장에서는 실제 HTTP/2 성능에 가장 큰 영향을 미치는 여러 요소를 살펴볼 것이다.

6.1 클라이언트 구현

HTTP/2는 최신 프로토콜이며, 흔히 그렇듯이 그 구현체들은 규격은 준수하되, 미묘하지만 중요한 면에서 서로 다를 수 있다. 예를 들어, 크롬, 파이어폭스, 사파리, 마이크로소프트 엣지와 같은 브라우저는 모두 사용자 경험에 영향을 줄 수 있는 서로 다른 특성이 있다. 동일한 네트워크 환경에서 여러 클라이언트를 사용해보면 동일한 웹사이트의 페이지 로딩 시간이 상당히 차이가 난다는 것을 알 수 있다. 이러한 차이를 이해하는 것이 많은 접속자가 있는 웹사이트를 최적화하는 데 중요한 부분일 수 있다.

아카마이의 파운드리 팀은 여러 브라우저를 비교하는 방법을 찾기 위한 목적으로 HTTP/1.1과

HTTP/2의 성능을 비교하는 연구를 수행했다. 이를 위해 실제 네트워크 환경의 실제 디바이스에서 얻은 수십억 개의 RUM[Real User Monitoring] 측정값을 분석했다. 그 결과, 브라우저 간의 차이를 확인할 수 있었으며, h2 요청이 h1 요청보다 대부분 더 빨랐다([그림 6-1] 참조).

그림 6-1 HTTP/2에서 통계적으로 상당한 성능 개선을 보인 URL의 비율

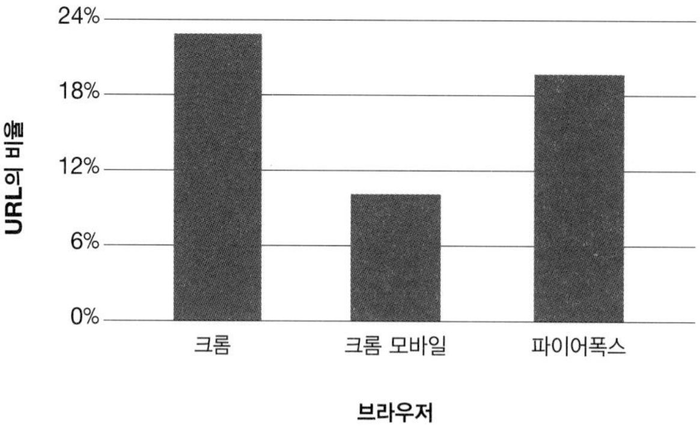

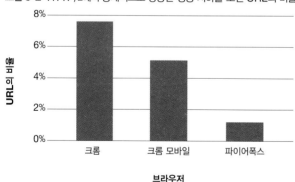

이게 전부인가? 알고 보면 그렇지 않다. 이 연구는 일부 URL은 h2로 동작할 때 성능 저하를 겪는다는 점도 밝혀냈다([그림 6-2] 참조).

그림 6-2 HTTP/2에서 통계적으로 상당한 성능 저하를 보인 URL의 비율

왜 h2가 더 느릴까? 이 연구는 전체 페이지 로딩이 아니라 개별 요청을 대상으로 했다는 점을 이해하는 것이 중요하다. 이는 이 연구에서는 헤더 압축, 연결 재사용, HOL 블로킹 회피만 성능 개선에 기여했음을 의미한다. 한 페이지 안의 여러 요청을 묶어 성능을 개선하는 데 중점을 두는 다중화와 서버 푸시와 같은 항목은 효과가 없었을 것이다. 그렇다고 해도, 훨씬 더 많은

URL이 h2에서 성능 저하보다 성능 개선을 보였다. 이 두 결과의 차이는 두 가지 중요한 점을 강조한다. 첫 번째는 구현의 중요성이고, 두 번째는 어떠한 경우에도 모든 요청이 HTTP/2의 혜택을 볼 수 있는 것은 아니라는 점이다.

6.2 지연 시간

컴퓨터 네트워크에서, 지연 시간이란 데이터의 패킷이 한 지점에서 다른 지점으로 가는 데 걸리는 시간을 의미한다. 지연 시간은 패킷이 수신자에게 도착했다 송신자에게 되돌아오는 데 필요한 시간, 즉 왕복 시간으로 표현하기도 하며, 일반적으로 밀리초(ms) 단위로 측정한다.

지연 시간에 영향을 미치는 요인은 많지만, 그중 가장 큰 영향을 미치는 두 가지는 두 지점 사이의 거리와 사용하는 전송 매체의 속도다. 유선 네트워크는 보통 광섬유나 구리선으로 전송 매체를 만드는 반면에, 모바일/무선 네트워크는 무선 전파를 활용한다. 두 지점 사이의 이론적인 최소 지연 시간을 계산하려면, 해당 전송 매체에서의 빛의 속도와 두 지점 사이의 전송선의 길이를 고려해야 한다. 예를 들어, 광섬유에서의 빛의 속도는 진공에서의 약 2/3, 즉 초당 약 200,000,000m다. 따라서 광섬유 케이블을 약 8,500km 거리인 샌프란시스코에서 런던까지 잇는다면, 최소 지연 시간은 약 43ms가 될 것이다. 지연 시간을 줄이는 유일한 방법은 양 끝점을 더 가까이 두는 것이다(또는 더 빠른 전송 매체를 개발해야 한다).

> NOTE_ 전송 매체의 발전과 관계없이, 빛의 속도는 제한되어 있다. 따라서 두 지점을 서로 가까이 두는 것이 지연 시간을 개선하는 최선의 방법이다. 대륙 이동설이 언젠가는 샌프란시스코와 런던 간의 거리 문제를 해결해줄지도 모르지만, 지질 연대표를 들고 싶지 않은 참을성 없는 사람들은 전 세계에 있는 최종 사용자들과 더 가까운 곳에 서버를 배치하거나 CDN(7.5절 '콘텐츠 전송 네트워크' 참조)을 활용하기를 권장한다.

물론 실제로 지연 시간을 측정해보면 이렇게 낮은 지연 시간을 얻지 못할 것이다. 그 이유로, 첫째, 네트워크가 일식선으로 놓여 있지 않기 때문이나. 둘째, 데이터가 A에서 B로 가는 동안 통과해야 하는 여러 게이트웨이gateway, 라우터router, 스위치switch, 기지국 등이 지연을 유발하기 때문이다.

중요한 것은 대역폭이 아니다

2010년, 마이크 벨시[Mike Belshe](SPDY 프로토콜의 공동 창시자)는 대역폭과 RTT가 웹 페이지의 로딩 시간에 미치는 영향에 관한 「More Bandwidth Doesn't Matter (Much)[1]」라는 제목으로 연구 결과를 발표했다.

그의 실험 결과에 따르면, 대역폭이 증가하면 웹 페이지 다운로드 시간이 단축되는 상관관계가 있다. 하지만 대역폭이 5Mbps에 도달하자 성능 개선의 폭이 줄어들었고, 약 8Mbps 이상에서는 거의 개선되지 않았다. 한편, RTT가 줄어들수록 페이지 로딩 시간(PLT)이 대폭 줄어들었다 (이 연구에서는, RTT가 20ms씩 줄어들 때마다, PLT는 7~15% 감소했다).

간단히 말하면, 현재 대역폭과 관계없이 RTT를 줄이면 웹 브라우징이 항상 더 빨라진다.

[그림 6-3]의 그래프는 대역폭과 RTT가 페이지 로딩 시간에 미치는 영향을 보여준다.

그림 6-3 대역폭과 RTT가 PLT에 미치는 영향(출처: 연구 자료)

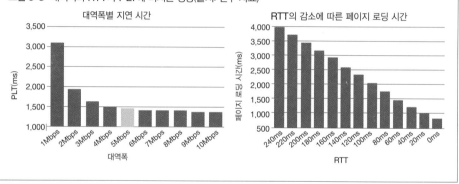

운영체제 대부분에서 사용할 수 있는 ping 명령어를 사용하면 클라이언트와 서버 간 지연 시간을 쉽게 측정할 수 있다.

다음은 ping 명령어를 사용해 위키백과[Wikipedia] 웹사이트까지의 RTT를 측정한 것이다.

```
$ ping -c 4 www.wikipedia.org
PING www.wikipedia.org (208.80.154.224) 56(84) bytes of data.
64 bytes from text-lb.eqiad.wikimedia.org (...): icmp_req=1 ttl=50 time=70.4 ms
64 bytes from text-lb.eqiad.wikimedia.org (...): icmp_req=2 ttl=50 time=70.7 ms
```

1 http://bit.ly/2pO5Nu2

```
64 bytes from text-lb.eqiad.wikimedia.org (...): icmp_req=3 ttl=50 time=70.5 ms
64 bytes from text-lb.eqiad.wikimedia.org (...): icmp_req=4 ttl=50 time=70.5 ms

--- www.wikipedia.org ping statistics ---
4 packets transmitted, 4 received, 0% packet loss, time 3002ms
rtt min/avg/max/mdev = 70.492/70.571/70.741/0.284 ms
```

NOTE_ 위의 ping 명령어는 캘리포니아 산 호세San Jose에 위치한 클라이언트 컴퓨터에서 실행한 것이다. GEO 위치 데이터에 따르면, 위키백과를 호스팅하고 있는 서버 IP 203.80.154.224는 버지니아 애시번Ashburn에 있다(캘리포니아의 클라이언트에서 약 3,830km 또는 2,392마일 떨어진 거리).

[표 6-1]은 전송 매체에 따른 평균 지연 시간의 표본값을 보여준다.

표 6-1 전송 매체별 지연 시간

전송 유형	평균 RTT
광	17~22ms
케이블	15~30ms
DSL	32~52ms
모바일 네트워크	LTE(최고속), HSPA, GSM/Edge(최저속) 등의 무선 기술에 따라 40~1,000ms
위성	600~650ms

CAUTION_ 일부 모바일 디바이스는 배터리를 절약하기 위해 짧은 시간 동안 모바일 무선 장치를 꺼두기도 한다는 점을 알아두어야 한다. 이로 인해, 디바이스가 모바일 무선 장치를 깨워서 새로운 연결을 할 때는 지연 시간이 수 초 정도 증가할 수 있다.

h2에서 지연 시간의 영향도를 측정하기 위해, 필자는 크기, 바이트 수, 개체 수 측면에서 상위 웹사이트 1,000개의 평균적인 웹 페이지를 대표하는 간단한 웹사이트 하나를 구성했다. 그리고 세계 곳곳의 서버에 수동으로 접속해 다양한 '실제' 지연 시간을 얻을 수 있도록, 그 웹사이트 앞에 CDN(7.5절 '콘텐츠 전송 네트워크' 참조)을 두고 사용했다. 웹 기반의 무료 성능 시험 도구인 웹페이지테스트WebPageTest, WPT(8.2절 '웹페이지테스트' 참조)를 사용해, h1과 h2에서 크롬과 파이어폭스로 필자의 페이지를 불러왔다.

[표 6-2]는 h1과 h2를 사용할 때 지연 시간이 페이지 로딩 시간(PLT)에 미치는 영향을 보여준다. PLT는 2일 동안 20번 반복 시험한 결과의 평균값이며, 각 테스트는 9번의 '최초 접속First View' 실행으로 구성되어 있다.

표 6-2 WPT 에이전트를 사용하여 측정한 실제 지연 시간별 h1과 h2의 성능

출발 위치	지연 시간	크롬 h1 PLT (ms)	크롬 h2 PLT (ms)	파이어폭스 h1 PLT (ms)	파이어폭스 h2 PLT (ms)
미국 뉴욕	15ms	4518	5064	4673	4637
캐나다 몬트리올	39ms	4719	5325	4815	4718
미국 텍사스 댈러스	42ms	4728	4986	4965	4995
프랑스 파리	97ms	6248	5765	5634	5402
이집트 카이로	129ms	6873	5272	5266	5256
브라질 리우데자네이루	142ms	7302	5932	6055	6220

이 데이터에서 이끌어 낼 수 있는 결론 하나는, 출발지와의 거리가 증가하여 지연 시간이 늘어날수록 h1에 비해 h2의 성능이 더 나아진다는 점이다.

6.3 패킷 손실

컴퓨터 네트워크를 가로질러 이동하는 데이터의 패킷이 목적지에 도달하지 못하면 패킷 손실packet loss이 발생하며, 일반적으로 네트워크 혼잡이 그 원인이다. 패킷 손실은 전송된 패킷 수 대비 손실된 패킷 수의 비율로 측정한다. 높은 패킷 손실률은 h2로 전송되는 페이지에 악영향을 미치는데, 이는 h2가 단 하나의 TCP 연결만 수립하고, 손실/혼잡이 있을 때마다 TCP 프로토콜이 TCP 윈도우 크기를 줄이기 때문이다(3.1.3절 'HTTP/1의 문제점의 TCP의 비효율적 사용' 참조).

몬태나Montana 대학교와 아카마이의 파운드리 팀이 공동 수행한 모바일 네트워크에서의 HTTP/2 성능에 관한 최근 연구[2]는 패킷 손실이 여러 콘텐츠 유형(작은 개체와 큰 개체)에

----

2 http://akamai.me/2oEPSOZ

미치는 영향을 분석했다.

이 연구를 통해 다음과 같은 사실이 밝혀졌다.

- 크기가 작은 개체가 많이 있는(365 x 2KB) 웹 페이지는 h2에서의 페이지 로딩 시간이 h1보다 더 빠르다. 이는 h1의 경우(6개의 TCP 연결이 가능), 서버는 단 6개의 개체만 동시에 전송(HOL 블로킹 때문)할 수 있는 반면에, h2는 하나의 연결에서 다수의 스트림을 다중화할 수 있기 때문이다. 또한, 네트워크 상태가 열악할수록 PLT는 h1과 h2 둘 다 증가하지만, h2가 더 큰 영향을 받았다. 이는 h2의 단일 연결 구조 때문이다. 그 하나의 연결이 패킷 손실에 영향을 받으면, 전체 작업이 느려지게 된다([그림 6-4]의 왼쪽 그래프 참조).

- 크기가 큰 개체가 적게 있는(10 x 435KB) 웹 페이지는 어떤 네트워크 상태에서든 h1이 h2보다 성능이 낮다. 놀랄 만한 이 결과는 초기 혼잡 윈도우 때문이다([그림 3-4] 참조). 6개의 연결을 여는 h1은 초기 혼잡 윈도우 크기가 h2보다 6배 더 크다. 이는 h2 연결 윈도우가 최적의 크기로 증가하는 동안, h1은 더 많은 데이터를 먼저 받을 수 있음을 의미한다. 초기 혼잡 윈도우 크기가 h2에서는 작고 h1에서는 큰, 이러한 문제점을 해결하려는 움직임이 현재 진행되고 있다. 이번에도 패킷 손실은 h1보다 h2에 더 큰 영향을 미친다([그림 6-4]의 오른쪽 그래프 참조).

- 크기가 매우 큰 개체만 몇 개 있는 웹 페이지는 h1과 h2 사이에 별 차이가 없다. h2의 초기 혼잡 윈도우 문제점은 전체 대용량 개체를 내려받는 동안 완화되며, 이 경우 다중화는 실제로 도움이 되지 않는다.

대부분 웹 페이지는 h2에서 가장 큰 혜택을 볼 수 있는 첫 번째 경우(많은 수의 작은 개체)에 해당한다. h2의 설계자는 바로 이 경우에 사용하도록 프로토콜을 최적화했기 때문에, 이것은 우연이 아니다. 그럼에도 패킷 손실은 h2의 아킬레스건이다.

그림 6-4 모바일 네트워크에서의 HTTP/2 성능

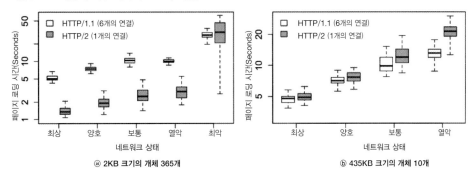

HTTP/2 성능은 어떻게 측정할 수 있는가?

웹페이지테스트는 경이로운 도구지만(8.2절 '웹페이지테스트' 참조), 많은 양의 통계 데이터를 얻기 어렵다. 웹사이트에서 몇 가지 테스트를 실행해보면 감을 잡고 문제가 있는 곳을 대략 추정할 수는 있지만, 적은 데이터에서 얻은 10~20% 정도 더 나은 결과만으로 "내 사이트가 더 빠른가?"라는 보편적인 질문에 답하기는 어렵다. 캐치포인트^{Catchpoint}, 키노트^{Keynote}, 고메즈^{Gomez} 등의 도구를 사용하면 일회성 테스트에서 벗어나 더 큰 규모로 한 단계 더 높은 수준의 테스트를 할 수 있다. 하지만 이들도 여전히 실제 트래픽을 테스트하는 것이 아닌 소위 합성 테스트^{synthetic testing}를 수행한다.

정말 알아야 할 것은 실제 사용자가 체감하는 성능이다. 그래서 RUM이 성능 통계 수집의 표준이 되었다. 부메랑^{Boomerang}과 같은 도구를 사용하면 스스로 성능 통계를 수집할 수 있으며, 소아스타^{SOASTA}나 스피드커브^{Speedcurve} 등의 회사와 접촉해볼 수도 있다. 어떤 방법으로든 RUM 결과를 얻기만 한다면, 그 데이터는 제대로 채굴하기만 하면 되는 노다지와 같다.

데이터를 수집했다면, 평균이 아닌 백분위수 관점에서 살펴봐야 한다. 사용자들 모두 평균 성능을 경험하는 것이 아니라, 그중 일부는 더 낫거나 더 나쁜 경험을 한다. 중위 성능을 보면 50%의 사용자는 더 나은(또는 더 나쁜) 성능을 경험한다는 것을 알 수 있다. 95나 99번째 백분위수로 올라가 보면, 최악의 경험을 하고 있는 사용자를 볼 수 있다. 이런 방식으로 성능을 바라보면, 특정 대상을 목표로 정한 후, 사이트를 변경했을 때 그 대상이 어떤 영향을 받는지를 모니터링할 수 있다.

그러면 h2는 성능에 어떤 영향을 미칠까? 일반적으로 중위수는 어느 정도 개선되며 95번째 이상의 백분위수는 훨씬 더 큰 폭으로 개선된다. 95번째 백분위수의 개선은 사용자가 남아서 사이트를 사용할 것인가, 아니면 포기하고 다른 경쟁 사이트로 갈 것인가를 판가름할 수 있다. 최악의 성능에 초점을 맞추는 것은 사업적인 면에 큰 영향을 미칠 수 있다. 이 모든 것을 감안할 때, h2의 슬로건을 "h2는 당신의 사이트를 덜 버벅거리게 해줍니다"로 정하는 게 더 나을 뻔 했다. 그러나 이 슬로건은 그다지 뇌리에 박히지 않는다.

6.4 서버 푸시

5.5절 '서버 푸시'에서 논의한 것처럼, 서버 푸시는 클라이언트가 개체를 요청하기 전에 미리 그 개체를 전송할 수 있는 능력을 서버에 부여한다. 테스트에 따르면 서버 푸시는 적절히 사용하기만 하면 페이지 렌더링 시간을 20~50% 줄일 수 있다.

하지만 서버가 클라이언트의 로컬 캐시에 이미 있는 개체를 푸시하려고 하는 경우, 클라이언트는 필요하지도 않은 추가 바이트를 수신하게 되므로, 서버 푸시로 인해 대역폭이 낭비될 수도 있다. 클라이언트는 RST_STREAM 프레임을 전송하여 서버의 PUSH_PROMISE 프레임을 거부할 수 있지만, 프레임의 송수신 타이밍 차이로 인해 서버는 결국 불필요한 데이터를 전송해버릴 수도 있다.

그림 6-5 요청을 처리하는 동안 푸시하기

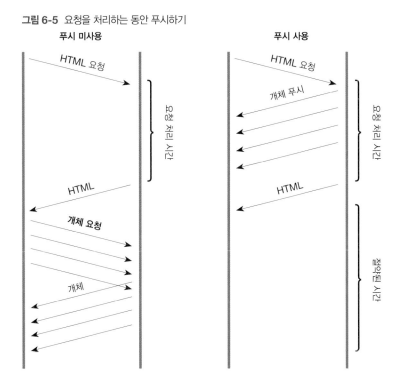

서버 푸시는 처음 방문한 페이지를 렌더링하는 데 필요한 중요한 CSS와 JS 개체를 푸시할 때 가치가 있다. 하지만 서버 푸시는 PUSH_PROMSE가 기준 HTML 페이지의 전송에 필요한 대역폭과의 경쟁을 피할 수 있을 정도로 충분히 지능적으로 구현되어야 한다. 서버가 기준 HTML 페이지에 대한 요청을 처리하는 사이에 푸시를 하는 것이 가장 이상적이다. 때로는, 서버는 HTML을 백그라운드 작업으로 생성할 필요도 있다. 클라이언트가 서버에서 요청을 처리하기를 기다리고 있는 그때가 바로 클라이언트에 필요한 개체를 미리 푸시할 완벽한 기회다. [그림 6-5]는 이 방식이 어떻게 성능을 개선할 수 있는지 보여준다.

서버 푸시를 지원하는 클라이언트와 서버

콜린 벤델Colin Bendell은 2016년 개최된 벨로시티 암스테르담 콘퍼런스Velocity Amsterdam Conference의 한 회담에서, 서버 푸시를 지원하는 클라이언트 종류를 보여주는 canipush.com이라는 간단하지만 효과적인 웹사이트를 소개했다.

[표 6-3]은 가장 인기 있는 브라우저 몇 가지의 서버 푸시 지원 여부를 보여준다.

표 6-3 브라우저별 서버 푸시 지원 현황

브라우저	크롬 54.0	파이어폭스 50.0.1	사파리 iOS 10.1	엣지
HTTP/2	지원	지원	지원	지원
자바스크립트 푸시	지원	지원	지원	지원
CSS 푸시	지원	지원	지원	지원
XHR 푸시	지원	지원	지원	미지원
자바스크립트 연결 병합 Connection Coalescing	지원	지원	미지원	미지원
CSS 연결 병합	지원	지원	미지원	미지원
XHR 연결 병합	미지원	미지원	미지원	미지원

6.5 TTFB

첫 번째 바이트 수신 시간Time To First Byte, TTFB은 웹 서버의 응답성을 나타내는 데 사용하는 측정 값이다.

TTFB는 클라이언트가 HTTP 요청을 한 시점부터 클라이언트의 브라우저가 응답의 첫 번째 바이트를 수신한 시점까지 걸린 시간을 측정한다. 여기에는 소켓 연결 시간, HTTP 요청을 보내는 데 걸린 시간, 페이지의 첫 번째 바이트를 수신하는 데 걸린 시간이 모두 포함된다. 종종 DNS 조회 시점 이후부터 계산하는 것으로 잘못 알고 있지만, 원래 TTFB의 계산에는 자원을 불러오기 시작하는 데 걸리는 네트워크 지연 시간도 포함된다.

h1의 경우, 클라이언트는 호스트 연결마다 한 번에 하나씩의 개체만 요청하며 서버는 그 개체들을 순서대로 하나씩 전송한다. 클라이언트는 모든 개체를 수신한 후에 그다음 개체들을 요청하며 서버는 또다시 요청받은 개체들을 전송한다. 이러한 절차는 클라이언트가 페이지를 렌더링하는 데 필요한 모든 개체를 수신할 때까지 계속 반복된다.

하지만 h2의 경우, 클라이언트는 HTML을 로딩한 후에 다중화를 사용해 h1에 비해 훨씬 더 많은 동시 요청을 서버로 전송한다. 대개 이 요청들은 h1에서보다 더 짧은 시간 안에 응답을 받지만 요청한 개체에 대한 TTFB 계산 시작 시점이 더 이르기 때문에 TTFB가 더 크게 측정된다. 따라서 프로토콜이 동작하는 방식의 차이로 인해 TTFB의 의미도 h1과 h2가 서로 다르다.

HTTP/2는 h1보다 더 많은 일을 하며, 그 목적은 전반적으로 더 나은 성능을 얻기 위해서다. 다음은 h1은 하지 않고 h2만 하는 몇 가지 동작이다.

- 윈도우 크기 조정
- 의존성 트리 생성
- 헤더 정보에 대한 정적 및 동적 테이블 관리
- 헤더 압축 및 압축 해제
- 우선순위 조정(h2에서는 클라이언트가 단일 요청에 대해 여러 번 우선순위를 조정할 수 있다)
- 클라이언트가 아직 요청하지 않은 스트림을 푸시

[그림 6-6]과 [그림 6-7]은 h1 대비 h2의 장점을 분명히 보여준다. 이 두 그림의 결과를 얻기 위해, 동일한 페이지를 h1과 h2로 불러왔다. TTFB, 타이틀 수신 시간Time to Title과 같은 몇 가지 측정값은 별 차이가 없거나 h1이 좀 더 나은 성능을 보이지만, 전반적인 성능은 h2가 더 낫다.

그림 6-6 h1과 h2의 소요 시간

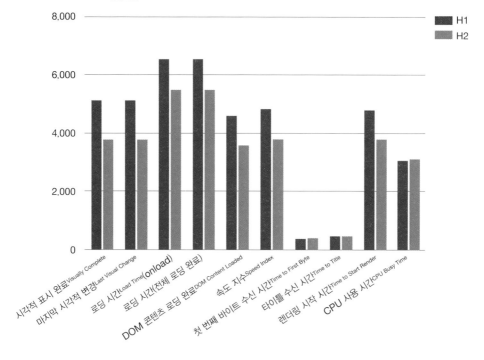

그림 6-7 h1과 h2의 페이지 렌더링

6.6 서드파티

오늘날 많은 웹사이트는 서드파티 태그(tag)라는 코드 조각을 사용해 추가해야 하는 분석, 추적, 소셜, 광고 플랫폼을 사용하고 있다. 서드파티 태그란 서드파티 공급자가 제공하는 코드 조각으로, 브라우저는 이를 통해 외부 서드파티 서버를 호출할 수 있다.

수많은 연구에서, 서드파티 호출이 웹사이트를 느리게 할 수 있고 심지어 자바스크립트 차단과 같은 문제를 유발하기도 한다는 사실이 밝혀졌다. 서드파티 콘텐츠가 많이 있는 페이지는 h2에서도 성능 면에서 크게 나아지지 않는다. 서드파티 콘텐츠는 일반적으로 성능에 영향을 미칠수 있지만 h2에서는 다음과 같은 이유로 특히 더 큰 영향을 미친다.

- 서드파티 요청은 다른 호스트로 전송되며, 이를 위해 브라우저는 DNS를 조회하고, TCP 연결을 수립하고, TLS 협상을 하느라 성능이 저하된다.
- 서드파티 요청은 다른 호스트로 전송되기 때문에, 동일한 호스트에서만 동작하는 서버 푸시, 의존성 트리, 우선순위 전송과 같은 h2의 기능을 활용할 수 없다.
- 서드파티의 성능을 제어할 수 없으며, 요청한 자원이 h2로 전송될지도 알 수 없다.

서드파티를 또 다른 관점에서 보자면, 서드파티 콘텐츠가 페이지 로딩 시간의 절반을 차지한다면, h2는 나머지 절반에 대해서만 성능 문제를 해결할 수 있다.

> **NOTE_** 웹 페이지에서, 단일 장애점(Single Point Of Failure, SPOF)은 웹 페이지 내의 특정 자원의 로딩 실패로 인해 전체 웹 페이지 로딩이 지연되거나 실패하는 경우에 발생한다. 웹페이지테스트 플랫폼 개발로 잘 알려진 소프트웨어 공학자이자 성능 전문가인 팻 미넌(Pat Meenan)은 SPOF-O-MATIC[3]이라는 매우 유용한 구글 크롬 브라우저 확장 기능을 개발했는데, 이를 활용하면 웹 페이지의 SPOF를 쉽게 탐지할 수 있으며 웹페이지테스트에서 그 SPOF의 영향도를 시각화하여 볼 수 있다. SPOF-O-MATIC은 독자들의 디버깅 도구 모음에 추가해야 할 훌륭한 도구다.

서드파티 호출이 성능에 미치는 영향도를 테스트하기 위해, 특정 호스트에서 5개의 이미지만 불러오는 단순한 HTML 페이지 4개를 만들었다. HTML 본문은 다음과 유사하다.

```
<html>
  <head lang="en">
    <meta http-equiv="Content-Type" content="text/html; charset=UTF-8">
```

---

3 https://github.com/pmeenan/spof-o-matic

```
    <title>What is your Ikigai?</title>
  </head>
  <body>
    <img src="https://akah1san.h2book.com/what.png">
    <img src="https://akah1san.h2book.com/is.png">
    <img src="https://akah1san.h2book.com/your.png">
    <img src="https://akah1san.h2book.com/ikigai.png">
    <img src="https://akah1san.h2book.com/question-mark.png">
  </body>
</html>
```

이미지의 호스트이름은 h1을 사용하느냐 h2를 사용하느냐에 따라 바뀐다. 테스트 케이스는 다음 매개변수에 따라 달라진다.

- 기준 페이지의 h2 또는 h1 사용 여부
- 개체의 h2 또는 h1 사용 여부
- 개체의 호스트가 기준 페이지와 동일한 인증서를 사용하는지 여부(즉, 연결 병합 가능 여부)

개체 수가 적기 때문에 테스트 결과는 매우 유사했지만 [그림 6-8]에서 보듯이 하나의 연결만 열면 되는 h2를 사용할 때 이미지가 100ms 더 빨리 보이기 시작했다. 서버와의 지연 시간이 증가할수록 줄어들 시간도 증가할 것이다.

그림 6-8 h1과 h2에서 2개의 호스트 샤드를 사용하는 페이지의 로딩을 비교하는 WPT 슬라이드와 시간 흐름도

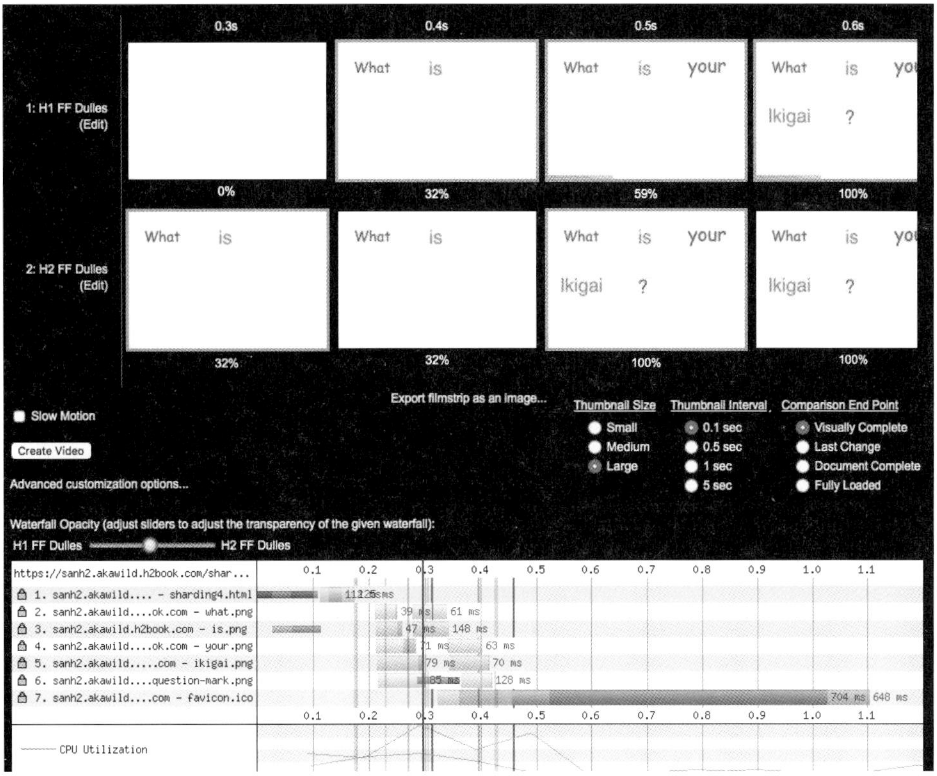

도메인 샤드 수를 4개로 늘리고 도메인마다 동일한 개체 수를 할당하면, h1에서 더 많은 연결을 여는 것이 성능에 어떤 영향을 미치는지 더 분명히 알 수 있다. 앞의 HTML 예시를 수정하여 동일한 5개의 이미지가 있는 호스트 3개를 더 추가했다(4개의 호스트는 동일한 SAN 인증서를 공유한다).

```html
<html>
  <head lang="en">
    <meta http-equiv="Content-Type" content="text/html; charset=UTF-8">
    <title>What is your Ikigai?</title>
  </head>
  <body>
    <img src="https://akah2san.h2book.com/what.png">
    <img src="https://akah2san.h2book.com/is.png">
    <img src="https://akah2san.h2book.com/your.png">
```

```
    <img src="https://akah2san.h2book.com/ikigai.png">
    <img src="https://akah2san.h2book.com/question-mark.png">
    <img src="https://akah2san1.h2book.com/what.png">
    <img src="https://akah2san1.h2book.com/is.png">
    <img src="https://akah2san1.h2book.com/your.png">
    <img src="https://akah2san1.h2book.com/ikigai.png">
    <img src="https://akah2san1.h2book.com/question-mark.png">
    <img src="https://akah2san2.h2book.com/what.png">
    <img src="https://akah2san2.h2book.com/is.png">
    <img src="https://akah2san2.h2book.com/your.png">
    <img src="https://akah2san2.h2book.com/ikigai.png">
    <img src="https://akah2san2.h2book.com/question-mark.png">
    <img src="https://akah2san3.h2book.com/what.png">
    <img src="https://akah2san3.h2book.com/is.png">
    <img src="https://akah2san3.h2book.com/your.png">
    <img src="https://akah2san3.h2book.com/ikigai.png">
    <img src="https://akah2san3.h2book.com/question-mark.png">
  </body>
</html>
```

[그림 6-9]는 앞의 웹 페이지의 로딩 결과를 보여준다. h2로 전송되는 페이지가 25% 정도 더 빨리 로딩된다는 것을 알 수 있다.

그림 6-9 h1과 h2에서 4개의 호스트 샤드를 사용하는 페이지의 로딩을 비교하는 WPT 슬라이드

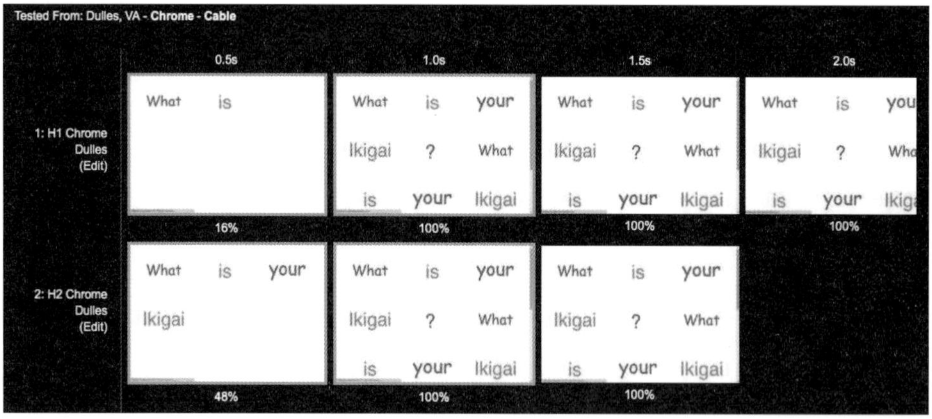

h1으로 로딩된 페이지의 시간 흐름도를 자세히 들여다보면([그림 6-10]), 이미지를 불러오는 연결 대부분은 초기 연결과 SSL 핸드셰이크 시간을 표시하는 막대부터 시작하는 것을 알 수 있

다. 이는 h1에서 다수의 연결을 여는 데 소요되는 비용을 보여준다.

그림 6-10 h1에서 4개의 호스트 샤드를 사용하는 페이지의 로딩을 비교하는 WPT 시간 흐름도

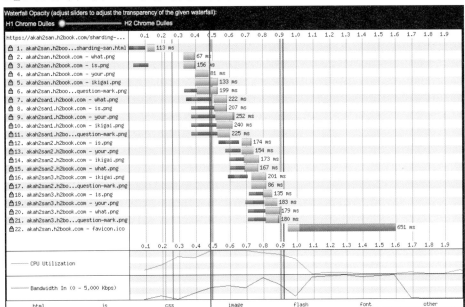

반면에, h2로 페이지를 불러올 때는([그림 6-11]), 첫 번째 개체만 연결 및 TLS 협상 시간이 소요되고 나머지 개체들은 동일한 연결 위에서 전송된다.

그림 6-11 h2에서 4개의 호스트 샤드를 사용하는 페이지의 로딩을 비교하는 WPT 시간 흐름도

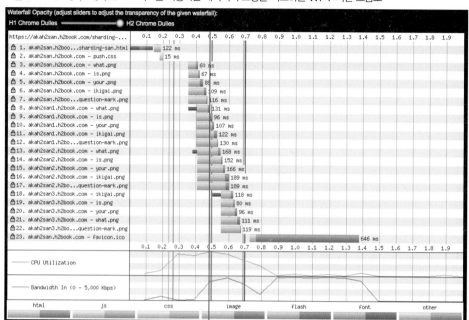

이번 절에서 보여준 예를 통해, 도메인 샤딩을 사용하던 웹사이트를 h2로 옮기고 여러 호스트를 공통 인증서로 묶어, 크롬과 파이어폭스 등의 브라우저에서 구현된 연결 병합connection coalescence을 활용할 수 있음을 알 수 있다.

6.7 HTTP/2 안티패턴

4.3절 'HTTP 1.1 최적화 제거하기'에서 본 것처럼, h1 성능 패턴 중 일부는 h2에서는 안티패턴이 된다. 이번 절에서는 그 안티패턴의 더 일반적인 해결책을 살펴보고 h2에서의 성능 영향도를 설명한다.

6.7.1 도메인 샤딩

샤딩은 호스트이름마다 다수의 연결을 열어 콘텐츠를 동시에 내려받고 h1의 순차적 특성을 극

복하는 브라우저의 기능을 활용하는 것을 목표로 한다. 현대의 웹 브라우저는 작은 크기의 개체가 많이 있는 사이트에서 샤딩을 활용하기 위해 호스트마다 약 6개의 연결을 열 수 있다. 이 덕분에 브라우저는 동시에 더 많은 요청을 전송하고 가용 대역폭을 더 잘 활용할 수 있다. HTTP/2는 다중화를 사용하기 때문에, 샤딩은 불필요할뿐더러 프로토콜이 달성하고자 하는 목적도 무의미하다. 일부 브라우저에서는 특정 상황에서 연결 병합(7.1.4절 '연결 병합' 참조)이 샤딩을 대체하기도 하지만, h2에서는 연결 병합과 샤딩 모두 사용하지 않는 것이 가장 좋다.

6.7.2 인라이닝

인라이닝inlining은 외부 자원을 불러오는 데 필요한 추가적인 연결과 왕복을 줄이려는 목적으로 자바스크립트, CSS, 이미지를 HTML 페이지 안에 삽입하는 것을 의미한다. 하지만 웹 성능에 관한 모범 사례에 따르면, 동일한 페이지 재방문 시 요청 수 감소(와 페이지 렌더링 속도 향상)에 도움을 주는 캐싱과 같은 중요한 기능을 사용하지 못하기 때문에 인라이닝은 사용하지 않는 것이 좋다.

그러나 화면의 첫 부분을 렌더링하는 데 필요한 소규모 자원을 인라이닝하는 것은 종종 가치가 있다. 사실, 성능이 좋지 않은 디바이스에서는 요청에 드는 오버헤드가 캐싱에서 얻는 이득보다 더 클 수 있다.

대개 h2에서는 인라이닝을 피하는 것이 좋지만 때로는 도움이 되는 경우도 있다(더 많은 정보는 6.7.5절 '스프라이팅'의 '그때 그때 달라요' 참조).

6.7.3 결합

결합concatenating이란 크기가 작은 파일 여러 개를 큰 파일 하나로 통합하는 것을 말한다. 이는 외부 자원을 불러올 때 왕복을 줄이고, 개체 수가 적으면 스크립트를 디코딩하거나 해석할 때 CPU 사용을 줄일 수 있다는 점에서 인라이닝과 매우 비슷하다. 인라이닝과 동일한 개념이 결합에도 적용된다. 크기가 매우 작은 파일들(1KB 이하)을 통합하는 경우와 초기 렌더링에 필요한 최소한의 자바스크립트/CSS에만 사용해야 한다.

6.7.4 쿠키 없는 도메인

정적 콘텐츠는 쿠키 없는 도메인cookie-less domain에서 제공하는 것이 성능 면에서 가장 좋은 방법이다. 특히 h1에서는 헤더를 압축할 수 없고 TCP 패킷 크기를 초과하는 크기의 쿠키를 사용하는 웹사이트도 있기 때문에 더욱 그러하다. 하지만 h2에서는 HPACK 알고리즘으로 요청 헤더를 압축하므로 대용량 쿠키의 크기를 상당히 줄일 수 있다(특히 여러 요청 간에 쿠키가 변경되지 않을 때 더 효과가 있다). 게다가 쿠키 없는 도메인을 위해서는 별도의 호스트를 사용해야 하며, 이는 더 많은 연결을 열어야 함을 의미한다. 쿠키 없는 도메인을 사용하고 있다면, 기회가 있을 때 사용하지 않는 것을 고려하는 것이 좋다. 실제로 필요가 없다면 없애는 것이 최선이다. 어떤 바이트든 줄이는 것이 좋다.

6.7.5 스프라이팅

스프라이팅은 크기가 작은 개체들을 여러 번 요청하는 일을 피하기 위한 또 다른 기법이다(그동안 사람들은 h1을 최적화하느라 많은 일을 했다). 스프라이팅을 하려면, 작은 이미지들을 하나의 큰 이미지 위에 격자 모양으로 배치한 후, CSS를 사용해 이미지에서 보여줄 부분을 선택하면 된다. 디바이스와 하드웨어의 그래픽 처리 능력에 따라, 스프라이팅은 매우 효율적일 수도 있고 매우 느릴 수도 있다. h2에서는 다중화와 헤더 압축을 통해 많은 요청 오버헤드를 제거할 수 있기 때문에 스프라이팅은 사용하지 않는 것이 좋다. 하지만 스프라이팅이 도움이 되는 경우가 여전히 있을 수 있다.

그때 그때 달라요

지금쯤이면 독자들은 이번 절에서 필자가 상황에 따라 다르다고 여러 번 말한 것에 실망했을지도 모른다. 웹 성능을 극대화하려면 네트워크 상태, 디바이스 능력, 브라우저 기능, 프로토콜 제약을 포함한 많은 변수 간에 균형을 맞추어야 한다. 이러한 변수는 이른바 '상황'이라는 단어로 대표되며, 개발자가 시간을 갖고 고려해야 할 상황은 많이 있다.

그렇다면 어떻게 해야 하는가? 모든 상황을 통제하는 가장 좋은 방법은 '테스트'하는 것이다. 무엇이든 최대한 활용하기 위해서는 성능 테스트와 모니터링이 필수이며, HTTP/2도 예외는 아니다. 실사용자 데이터를 살펴보고 다양한 조건을 세분화하여 문제를 찾은 후에야, 비로소 그 문제를 해결할 수 있다. 업계의 권고 사항을 따르되, 섣부른 최적화의 함정에 빠져서는 안 된다. 실제 데이터를 기반으로 세밀하게 조율해야 한다.

6.7.6 프리패치

프리패치prefetch란 캐싱할 수 있는 개체를 가능한 시점에 미리 내려받아 두도록 브라우저에 알려주는 웹 성능 최적화 기법이다. 하지만 브라우저가 바쁘거나 개체를 내려받는 데 너무 오랜 시간이 걸린다면 프리패치 요청을 무시할 수 있다. 프리패치를 사용하려면 HTML에 link 태그를 넣으면 된다.

```
<link rel="prefetch" href="/important.css">
```

또는 HTTP 응답에 Link 헤더를 추가해도 된다.

```
Link: </important.css>; rel=prefetch
```

프리패치는 개체를 브라우저에 미리 가져다 둘 수 있는 서버 푸시가 도입된 h2에서는 별 쓸모가 없다. 프리패치가 서버 푸시보다 나은 점은 개체가 캐시에 이미 있는 경우에 개체를 요청하는 데 필요한 시간과 대역폭을 낭비하지 않는다는 점이다. h2의 서버 푸시가 프리패치를 대체한다기보다 서로 부족한 부분을 보완한다고 생각하는 것이 좋다.

6.8 실세계의 성능

이론과 테스트는 어느 정도까지는 들어맞지만, IETF는 "코드보다 중요한 것은 데이터다"라고 말하고 있다. HTTP/2를 사용하는 실제 웹사이트 몇 군데의 성능을 살펴보자.

6.8.1 성능 측정 방법

필자는 이번 절의 성능 테스트를 위해 WTP(8.2절 '웹페이지테스트' 참조)에서 다음 여러 조건을 바꾸어 가며 각 웹사이트를 테스트했다.

- **테스트 위치** : 지리적으로 분산된 테스트 위치(미 서부 해안, 미 동부 해안, 유럽)
- **브라우저** : 크롬과 파이어폭스(A/B 테스트가 가능하며, h2를 쉽게 비활성화할 수 있음)
- **연결** : 네트워크 연결의 시뮬레이션(케이블 및 고속 3G)
- **테스트 실행** : 모든 테스트는 9번 실행(의미 있는 평균값 확보를 위해)

위 조건을 모두 조합해, 필자는 각 웹사이트마다 108(3 x 2 x 2 x 9)번의 WPT 테스트를 했다. 이 방법이 완벽하고 확정적인 것은 아니지만 많은 시간과 자원을 투자하지 않고 기본적인 성능 테스트를 수행하려는 사람들에게 기본적인 지침을 제공한다는 점에서 의미가 있다.

> **NOTE_** 이번 절에서는 웹페이지테스트 결과를 많이 활용하므로, 해당 결과에 접근할 수 있어야 내용을 이해하기 쉽다. 결과를 확인하려면 본문의 링크를 따라가면 된다.

6.8.2 연구 1 : www.facebook.com

페이스북 기술자들이 노력한 덕에, 성능 테스트 결과는 h1보다 h2에서 항상 더 좋다. 그들이 h2 서비스를 최적화하는 데 많은 시간을 들였음이 분명하다. 예를 들어, 클라이언트가 단일 연결에서의 다중화와 h2의 우선순위 전송을 최대한 활용하기 위해 h2로 요청을 하면, 서버는 페이스북 홈페이지에서 도메인 샤딩을 비활성화한다.

체감 성능 면에서 페이스북 메인 페이지는 h2에서 33% 정도 더 빨리 표시되기 시작되며, 이는 h1보다 무려 1.5초나 더 빠른 것이다([그림 6-12] 참조). 이 테스트는 http://goo.gl/m8GPYO에서 확인할 수 있다.

그림 6-12 3G 환경에서 www.facebook.com의 h1 대 h2 비교

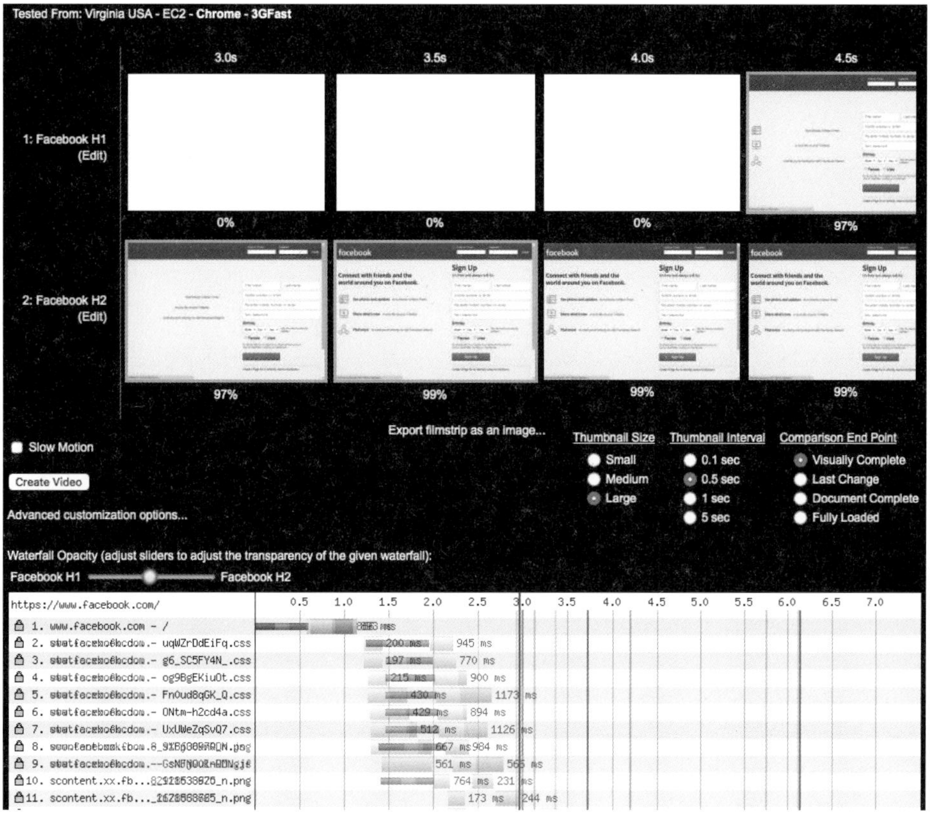

[그림 6-12]의 폭포수 차트를 자세히 보면, 이러한 차이의 주원인이 h2의 단일 TCP 연결 때문임을 알 수 있다. h1 폭포수 차트에서는 6개의 추가 연결을 여는 동안 성능이 저하되었음을 볼 수 있다. h1(http://goo.gl/w4vSLg)과 h2(http://goo.gl/sWjL3M)의 폭포수 차트를 비교해보라.

h2의 폭포수 차트를 살펴보면, 렌더링에 필요한 중요한 개체 대부분은 HTML을 전송한 호스트와 동일한 호스트(www.facebook.com)에서 전송되었음을 알 수 있다. h1에서는, HTML은 www.facebook.com에서 전송되지만, 대부분의 CSS와 자바스크립트는 static. xx.fbcdn.net에서 전송된다. h1의 경우, 추가적인 TCP 연결로 인해 성능 저하가 발생했지만, h2 폭포수 차트에서 개체를 클릭해보면 [표 6-4]에 보이는 의존성과 우선순위를 확인할 수 있

다(WPT 에이전트로 크롬을 사용했음을 기억하라. 이 책을 쓰는 시점에, WTP는 브라우저에 따라 스트림 정보를 다르게 표시했다).

표 6-4 HTTP/2 의존성과 우선순위(가중치)

URL	우선순위	HTTP/2 스트림 정보 (의존성)
https://www.facebook.com/	매우 높음	1, 가중치 256, 0에 의존, EXCLUSIVE 플래그
https://www.facebook.com/rsrc.php/v3/yE/r/uqWZrDdEiFq.css	높음	3, 가중치 220, 0에 의존, EXCLUSIVE 플래그
https://www.facebook.com/rsrc.php/v3/yQ/r/g6_SC5FY4N_.css	높음	5, 가중치 220, 3에 의존, EXCLUSIVE 플래그
https://www.facebook.com/rsrc.php/v3/yD/r/og9BgEKiuOt.css	높음	7, 가중치 220, 5에 의존, EXCLUSIVE 플래그
https://www.facebook.com/rsrc.php/v3/yn/r/Fn0ud8qGK_Q.css	높음	9, 가중치 220, 7에 의존, EXCLUSIVE 플래그
https://www.facebook.com/rsrc.php/v3/yE/r/ONtm-h2cd4a.css	높음	11, 가중치 220, 9에 의존, EXCLUSIVE 플래그
https://www.facebook.com/rsrc.php/v3/yG/r/UxUWeZqSvQ7.css	높음	13, 가중치 220, 11에 의존, EXCLUSIVE 플래그
https://www.facebook.com/rsrc.php/v3/yh/r/sXFjO0knRDN.js	중간	15, 가중치 183, 13에 의존, EXCLUSIVE 플래그
https://www.facebook.com/rsrc.php/v3/yb/r/GsNJNwul-UM.gif	매우 낮음	17, 가중치 110, 15에 의존, EXCLUSIVE 플래그
https://scontent.xx.fbcdn.net/t39.2365-6/851565_602269956474188_918638970_n.png	매우 낮음	1, 가중치 110, 0에 의존, EXCLUSIVE 플래그
https://scontent.xx.fbcdn.net/t39.2365-6/851585_216271631855613_2121533625_n.png	매우 낮음	3, 가중치 110, 0에 의존, EXCLUSIVE 플래그
https://scontent.xx.fbcdn.net/t39.2365-6/851558_160351450817973_1678868765_n.png	매우 낮음	5, 가중치 110, 3에 의존, EXCLUSIVE 플래그
https://www.facebook.com/rsrc.php/v2/ye/r/0qx-vnsuxPL.png	매우 낮음	19, 가중치 110, 0에 의존, EXCLUSIVE 플래그
...		

6.8.3 연구 2 : www.yahoo.com

HTTP/2는 www.yahoo.com에서 매우 잘 동작한다. yahoo.com의 h1 페이지는 5.5초 만에 표시되기 시작하지만, h2는 4초밖에 걸리지 않는다([그림 6-13] 참조). 이 테스트 결과는 http://goo.gl/eRUilp에서 볼 수 있다.

그림 6-13 미국 3G 환경에서 www.yahoo.com의 h1 대 h2 비교

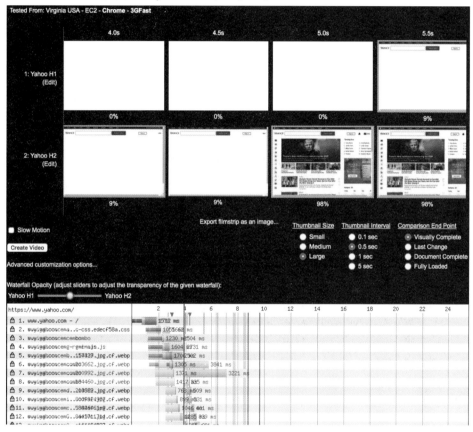

페이스북 예와 비슷하게, www.yahoo.com도 클라이언트가 h2로 협상하느냐 h1으로 협상하느냐에 따라 자원을 다르게 전송한다. HTTP/2에서는 HTML과 개체들 모두 www.yahoo.com에서 전송하는 반면에, h1에서는 HTML은 www.yahoo.com에서, 개체들은 s.yimg.com에서 전송한다. h1에서 브라우저는 s.yimg.com과 6개의 연결을 열기 때문에 지연이 꽤 발생한다. 게다가 [그림 6-13]에서 보듯이 h2에서는 페이지 요소들이 다른 순서로

로딩되기 때문에 DOM 완성과 페이지 로딩 시간이 더 짧아진다. 야후 웹사이트는 미국 내의
WPT 에이전트에서 테스트할 때는 h2가 더 나은 성능을 보인다. 하지만 흥미롭게도, 아일랜드
내의 WPT 에이전트를 사용할 때는 h1이 훨씬 더 빨리 로딩된다. h2 페이지는 7.5초 만에 화
면이 표시되기 시작하지만 h1 페이지는 4.5초밖에 걸리지 않는다. https://goo.gl/GrySYa
에서 자세한 결과를 볼 수 있다.

[그림 6-14]를 보면, 야후의 아일랜드 홈페이지는 미국 홈페이지와는 약간 다르게 구성되었음
을 알 수 있다. 아일랜드 홈페이지의 경우, h2에서 페이지를 전송할 때 도메인 샤딩이 비활성
화되지 않는다. 포함된 개체 대부분(예를 들어, http://bit.ly/2pOgTiG)은 기준 HTML을 전
송한 곳과 다른 도메인에서 전송된다. 이 테스트 데이터를 살펴보면, 두어 번의 테스트 실행에
서 h2가 상당히 많은 시간이 걸렸으며, 이로 인해 평균이 왜곡되었다는 사실을 알 수 있다.

그림 6-14 아일랜드 3G 환경에서 www.yahoo.com의 h1 대 h2 비교

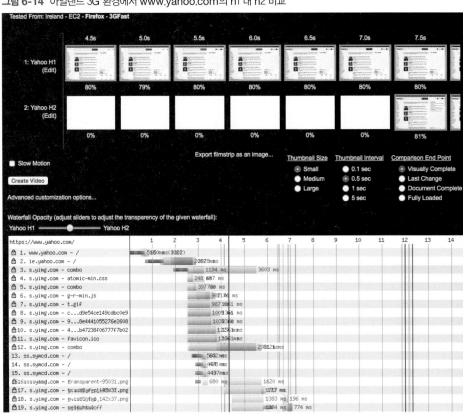

그런데 왜 h2가 더 느릴까? 데이터 모수가 적어 통계적으로 무의미하다고 치부해 버릴 수 있지만, 이 이면에는 매우 중요한 사실 하나가 숨겨져 있다. 즉, 모든 경우에 h2가 항상 더 빠른 것은 아니라는 것이다. 이 특이한 경우에서는 (하나가 아닌) 다중 연결의 사용과 네트워크 상태가 유력한 원인이다. 결국, 폐기된 패킷이 이 모든 것의 근원이었을 가능성이 크다. 때로는 사이트의 구성이 문제가 될 수도 있다. 또는, h2의 초기인 현재, 아직 발견되지 않은 구현상의 버그가 있을 수도 있다. 그럼에도 특정 경우에서 발생하는 성능 저하는 예측 가능하며, 대부분 해결할 수 있는 문제다.

6.9 요약

독자들은 성능이 중요하다는 것을 알기 때문에 이 책을 선택했을 것이다. HTTP/2는 그 성능 문제를 해결해주지만, 중요한 것은 어떻게 해서 성능이 개선되고 어떤 경우에 성능이 개선되지 않는지 그 이유를 이해하는 것이다. 성능 개선을 위한 다른 모든 노력과 마찬가지로 코딩하고, 테스트하고, 분석하고, 최적화하는 과정이 반복될 것이다. h2를 활성화하여 사이트의 성능이 전보다 개선되었다고 하더라도 조금만 더 들여다보면 개선할 부분을 더 많이 찾을 수 있을 것이다.

CHAPTER 7

HTTP/2 구현

HTTP/2의 성공은 HTTP/2를 구현한 많은 주류 도구의 지원 덕분이다. 심지어 RFC가 완성되기도 전에, 많은 인터넷 사용자는 h2를 이야기하면서 자신도 모르게 '웹을 강타할 차세대 기술'의 혜택을 보고 있었다. HTTP/2를 지원한 것은 실험용 브라우저와 웹 서버로만 국한되지 않았다. 대부분의 인기 있는 브라우저, 서버, 프락시, 캐시, 명령줄 도구들이 일찌감치 h2를 지원하기 시작했다. 독자들의 개발 목적이 웹 사용자를 위한 것이든 웹 서버나 프락시를 선택하기 위한 것이든, 다양한 구현에 무엇을 사용할 수 있고 어떤 옵션이 있는지를 이해하는 것이 개발 계획에 중요하다.

인터넷은 회자되는 것보다 더 빠른 속도로 변하기 때문에, 예상치 못한 모든 기능적 오류를 잡아내거나 소프트웨어가 지원하는 것을 모두 다 파악하기는 어렵다. 이번 장에서는 독자들이 살펴 보고 선택하는 데 도움이 될 수 있도록 다양한 기능들의 개요를 최소한으로 설명할 것이다.

7.1 데스크톱 웹 브라우저

브라우저는 사용자가 h2에 대해 아무것도 알지 못해도 h2를 사용할 수 있도록 개발되었다. 현대의 인기 있는 웹 브라우저를 사용하는 사람들은 누구나 이미 h2를 매일 사용하고 있다. 하지만 HTTP/2는 이전 버전과 약간 다르게 동작하기 때문에, 그 기능이 어떻게 다른지 이해하는 것이 개발과 디버깅을 위해 중요할 수 있다.

7.1.1 필수적인 TLS

이번 장에서 언급하는 모든 브라우저는 HTTP/2로 통신하려면 반드시 TLS(HTTPS)를 사용해야 한다. 이는 HTTP/2 규격 자체는 TLS를 필수로 요구하지 않는다는 사실과 배치된다. 이 주제에 대해서는 4.2절 'TLS로의 전환'의 'TLS는 필수인가?'를 참조하라.

7.1.2 HTTP/2 비활성화

HTTP/2는 최신 프로토콜이기 때문에, 문제가 발생하면 HTTP/2를 끈 채로 사이트를 테스트하고 싶을 수 있다. 또는 h2를 켰을 때와 껐을 때의 폭포수 차트를 서로 비교해보고 싶을 수도 있다. 어느 경우든, 브라우저에서 HTTP/2를 켜고 끄는 방법이 필요하다. 불행히도, 모든 브라우저가 이 기능을 제공하지는 않는다. [표 7-1]은 이 기능을 지원하는지 브라우저별로 정리한 것이다.

표 7-1 브라우저별 기능 지원 현황

브라우저	HTTP/2 최초 지원 버전	비활성화	서버 푸시	연결 병합	디버깅	베타 채널
크롬	41(2015년 3월)	지원	지원	지원	지원	지원
파이어폭스	36(2015년 2월)	지원	지원	지원	지원	지원
마이크로소프트 엣지	12(2015년 7월)	미지원	지원	미지원	지원	지원
사파리	9(2015년 9월)	미지원	지원	미지원	미지원	지원
오페라	28(2015년 3월)	지원	지원	지원	지원	지원

7.1.3 서버 푸시

서버 푸시는 h2의 가장 흥미로운 기능이자, 올바로 사용하기 가장 어려운 기능이다. 서버 푸시는 페이지의 단순한 전송에는 필요하지 않으므로, h2의 초기 구현에서는 종종 누락되곤 했다. 현재는 모든 주요 브라우저가 이 기능을 지원한다([표 7-1] 참조).

7.1.4 연결 병합

연결 병합은 새로운 연결을 수립해야 할 때 기존 연결을 재사용하여 요청의 성능을 개선할 수 있다. 이는 TCP와 TLS 핸드셰이크를 생략해 새 호스트에 대한 첫 번째 요청의 성능을 개선할 수 있음을 의미한다. 연결 병합을 지원하는 브라우저는 새 연결을 열기 전에 동일한 위치에 대한 연결이 이미 있는지를 먼저 확인한다. 여기에서 동일한 위치란, 기존 연결의 인증서가 새 호스트이름과 기존 연결의 IP 주소에 대응하는 호스트이름 모두에서 유효하다는 의미다. 이러한 조건에서 브라우저는 이미 수립된 연결을 통해 새 호스트로 HTTP/2 요청을 전송한다.

7.1.5 디버깅 도구

h2로 작업할 때, 종종 그 이면에서 일어나는 일을 볼 수 있어야 한다. 일부 브라우저는 특별히 h2 디버깅을 위해 훌륭한 도구를 지원한다. 이 주제에 대한 자세한 정보는 8장 'h2 디버깅하기'를 참조하라.

7.1.6 베타 채널

엄밀히 말하자면 HTTP/2 기능은 아니지만, 베타 버전(또는 초도 버전)의 브라우저를 사용할 수 있으면 프로토콜 개발의 최선봉에서 변화와 행동에 앞장설 수 있다.

> **NOTE_** h2를 지원하는 브라우저의 전체 최신 목록은 caniuse.com[1]을 참조하라.

7.2 모바일 브라우저

최근 모바일 브라우저는 보통 해당 브라우저의 데스크톱 버전을 따른다([표 7-2] 참조).

---

1 http://caniuse.com/#search=http2

표 7-2 모바일 브라우저별 기능 지원 현황

브라우저	운영체제	HTTP/2 최초 지원 버전	서버 푸시	연결 병합
크롬	iOS	41(2015년 3월)	지원	미지원
사파리	iOS	9.2(2015년 9월)	지원	미지원
크롬	안드로이드	12(2015년 7월)	지원	지원
안드로이드	안드로이드	53(2016년 10월)	지원	지원
마이크로소프트 엣지	윈도우 모바일	12(2015년 7월)	지원	미지원

NOTE_ 현재는 어떤 모바일 브라우저도 h2를 끄는 기능을 지원하지 않는다.

7.3 모바일 앱 지원

2015년 6월 XCode가 업데이트되어[2], 애플은 iOS에서 NSURLSession을 사용해 h2를 기본값으로 지원하기 시작했으며, iOS 앱은 ATS[App Transport Security]를 통해 h2 프로토콜로 통신할 수 있게 되었다. 안드로이드 앱이 h2로 통신하려면, OkHttp[3] 등의 h2 지원 라이브러리를 사용하여 TLS로 h2 웹 서버에 연결해야 한다.

7.4 서버, 프락시, 캐시

h2로 콘텐츠를 전송하는 방법은 많다. HTTP/2를 사용할 수 있는 엔드포인트로는 다음 2가지 방식이 있다.

- **웹 서버** : 정적 및 동적 콘텐츠를 제공하는 전통적인 프로세스
- **프락시/캐시** : 서버와 최종 사용자 사이에 존재하는 프로세스로, (캐싱을 통해) 웹 서버의 부하를 덜고 추가적인 처리를 하기 위해 사용할 수 있다. 많은 프락시는 웹 서버의 역할도 할 수 있다.

---

2 https://lukasa.co.uk/2015/06/HTTP2_Picks_Up_Steam_iOS9/

3 http://square.github.io/okhttp/

서버, 프락시, 캐시는 고가용성이 있는 고성능 웹사이트를 만들기 위해 보통 함께 사용하지만, 소규모 사이트에서는 프락시 계층이 불필요할 수 있다.

HTTP/2용 서버를 선택할 때 시험하고 평가해야 할 중요한 부분이 많다. 일반적인 성능, OS 지원, 개인적 지식, 확장성, 안정성 외에도, 서버 푸시와 의존성/우선순위에 대한 지원 여부도 살펴봐야 한다.

서버 푸시의 구현 방식에는 파일을 정적 포함하는 방식과 Link 헤더와 태그를 사용하는 방식 두 가지가 있다. 이 방식 둘 다 완벽하지는 않지만, 주의 깊게 구성하면 성능에 좋은 영향을 미칠 수 있다. 완벽한 서버 푸시를 위해서는, 불필요한 푸시를 방지할 수 있도록 캐싱 정보를 알고 있는 브라우저와의 조율이 필요하다. 아직은 어떤 서버도 이 기능을 지원하지 않는다.

Link 사용하기

서버가 프락시에게 푸시할 요소를 알려주는 한 가지 방법은 푸시할 요소에 대한 Link 헤더를 전송하는 것이다. 자세한 내용은 서버와 프락시 유형마다 다르지만, 일반적으로는 응답에 다음 내용을 추가하면 된다.

```
Link: </script.js>; rel=preload
```

이렇게 하면 script.js를 푸시하라고 알려줄 것이다.

의존성과 우선순위는 웹 성능을 끌어올릴 수 있는 HTTP/2의 중요한 기능이다. 이들은 h2 지원 서버를 만드는 데 '과학'이 많이 필요한 부분이다. 가장 좋은 성능을 내는 서버를 찾기 위해 여러 브라우저와 서버를 조합해 테스트해볼 가치가 있다.

[표 7-3]은 이 책을 쓰는 시점에 흔히 사용하는 서버와 그 기능을 요약해서 보여준다.

표 7-3 HTTP/2 지원 엔드포인트

서버	유형	서버 푸시
아파치Apache	서버	지원
엔진엑스	서버/프락시/캐시	미지원
IIS	서버	지원
제티Jetty	서버	지원
h2o	서버/프락시	지원
스퀴드Squid	프락시/캐시	지원
캐디Caddy	서버	미지원
바니시Varnish	프락시/캐시	미지원
트래픽 서버Traffic Server	프락시/캐시	지원

7.5 콘텐츠 전송 네트워크

콘텐츠 전송 네트워크는 전 세계 여러 데이터 센터에 배치된 리버스 프락시reverse proxy 서버들의 분산 네트워크를 의미한다. CDN의 목적은 고가용성과 고성능을 보장하면서 최종 사용자와 더 가까운 곳에서 콘텐츠를 전송하여 네트워크 왕복 지연을 줄이는 것이다. CDN은 인터넷의 성능과 확장에 중요한 요소다. CDN은 소규모 웹사이트용 '무료 서비스'부터 대규모 웹사이트에 고성능, 신뢰성, 보안성을 제공하는 기업용 서비스에 이르기까지 다양하다.

주요 CDN 대부분은 HTTP/2를 지원하지만, 프로토콜 지원 범위와 기능은 CDN별로 약간씩 다르다. 웹 서버에서와 마찬가지로 살펴봐야 할 가장 중요한 부분은 서버 푸시와 우선순위의 지원 여부다. 이 항목들이 실질적인 성능 면에서의 차이를 만들 수 있다.

7.6 요약

h2 프로토콜이 나온 지 얼마 되지 않았음을 고려할 때 현재 지원이 많이 이루어지고 있다는 사실은 놀랄 만하다. 가장 인기 있는 웹 서버, 프락시, CDN뿐만 아니라 전체 브라우저의 70% 이상이 이미 h2를 완벽히 지원한다. 한편, 서버 푸시와 같은 h2 기능은 여전히 기초 단계에 머물러 있으며, 의존성과 우선순위를 최적화하는 작업이 계속 진행되고 있다. 가까운 미래에 이러한 모든 면에서 분명 더 발전된 모습을 볼 수 있을 것이다.

CHAPTER 8

HTTP/2 디버깅하기

프로토콜 하나로 거의 20년을 보냈다는 것은 모니터링과 디버깅하는 도구도 20년 동안 발전해왔음을 의미한다. 이제 HTTP/2는 현실이 되었고, 기존에 모니터링하고 디버깅하던 방식은 더 이상 통하지 않게 되었다. 이것은 도구들이 업데이트되거나 교체되기 전까지는 심각한 장애 요인이 될 수 있다. 그럼에도 h2는 h1과 다르지만 약간 비슷한 면도 있다. 예전에 동작하던 많은 것이 현재도 잘 동작하지만, 그 차이도 상당하다. 다행히, HTTP/2 전용 도구부터 기존 도구의 업데이트 버전에 이르기까지 많은 종류의 테스트와 디버깅 도구를 이미 사용할 수 있다.

8.1 웹 브라우저 개발자 도구

최근 웹 브라우저에는 h2를 디버깅하는 데 유용한 웹 개발자 도구가 포함되어 있다. 다음 절에서는 크롬과 파이어폭스 개발자 도구를 사용해 h2 스트림을 분석하며, h2 우선순위와 의존성을 확인하고, 서버 푸시를 이해하는 데 도움이 되는 몇 가지 예를 보여줄 것이다. 사파리, 엣지, 오페라 등 다른 인기 있는 브라우저에도 이와 유사한 도구가 포함되어 있다.

8.1.1 크롬 개발자 도구

지난 몇 년간, 크롬 브라우저는 내장 웹 개발자 도구[1]의 향상된 기능 덕분에 많은 웹 개발자에게 인기를 얻었다. 이 도구에 익숙해지면 기술적인 문제를 해결하는 데 도움이 많이 된다. 크롬 메뉴 버튼 → [도구 더보기] → [개발자 도구]를 선택하면 개발자 도구 화면이 나타난다.

net-internals

크롬 주소창에 chrome://net-internals를 입력하면 크롬 net-internals[2]에 접근할 수 있다. 이 도구를 사용하면, 저수준의 네트워크 데이터의 수집/내보내기/가져오기, 네트워크와 DNS 로그 확인, 네트워크 활동 시각화 등의 기능을 통해 네트워크 데이터를 한눈에 볼 수 있다.

net-internals 도구는 HTTP/2 트래픽 데이터를 수집하는 데 사용하며, 다음과 같은 HTTP/2 개념을 확인하기에 유용하다.

- 스트림 ID
- 우선순위
- 의존성
- 서버 푸시
- 세션 PING

다음은 HTTP/2 트래픽 데이터를 수집하는 절차다.

1 크롬 주소창에 chrome://net-internals를 입력한다.

2 왼쪽 메뉴바에서 [HTTP/2]를 선택한다.

3 새 탭을 열고 주소창에 원하는 URL을 입력한다.

4 net-internals 탭으로 돌아와, HTTP/2 프로토콜을 사용하는 호스트이름에 연결된 활성 세션의 목록을 확인한다.

5 입력한 URL의 호스트이름 오른쪽에 있는 ID 링크를 클릭한다([그림 8-1] 참조).

---

1 http://bit.ly/2oRIK40
2 http://bit.ly/2pvAzv1

그림 8-1 net-internals HTTP/2 메뉴

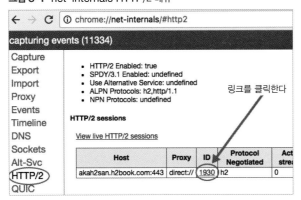

6 [Events] 화면으로 넘어간다. 호스트이름 왼쪽에 있는 체크박스를 클릭한다([그림 8-2]).

그림 8-2 net-internals Events 메뉴

7 화면 오른쪽에서 웹 서버와 클라이언트 사이에서 수집된 모든 트래픽 데이터를 볼 수 있다.

수집된 데이터에서 사용된 필드 몇 가지를 살펴보자. 모든 '이벤트'는 다음과 유사한 내용으로 시작한다.

```
t=시간 [st=밀리초] 이벤트 유형
```

한 가지 예를 들면 다음과 같다.

```
t=123808 [st= 1] HTTP2_SESSION_SEND_HEADERS
```

- 첫 번째 필드 't'는 브라우저 세션이 시작된 시점부터 경과한 시간을 밀리초 단위로 표시한다. 예를 들어, 123808은 브라우저의 세션이 시작된 지 123.8초 후에 HTTP/2 세션이 시작되었음을 나타낸다.

- 두 번째 필드 'st'는 HTTP/2 세션이 시작된 시점부터의 상대적 시간을 밀리초 단위로 표시한다. 예를 들어, 1은 HTTP/2가 시작된 지 1밀리초 후에 이벤트가 발생했음을 나타낸다.

- 세 번째 필드는 기록된 이벤트의 유형을 나타낸다.

> **NOTE_** 크롬 h2 이벤트 중 일부는 h2 프레임 유형과 직접 연관된다. 예를 들어, HTTP2_SESSION_RECV_PUSH_PROMISE는 PUSH_PROMISE 프레임 유형을 나타내며, HTTP2_SESSION_PING은 PING 프레임에 해당한다.

수집된 데이터를 읽는 방법과 HTTP/2 정보의 내용을 확인하는 방법을 알아보기 위해 예제 데이터 하나를 살펴보자.

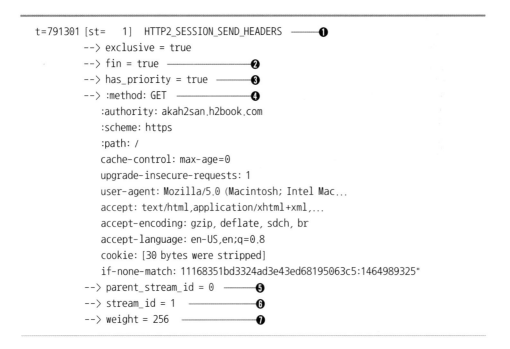

```
t=791301 [st=   1]  HTTP2_SESSION_SEND_HEADERS ————❶
         --> exclusive = true
         --> fin = true ——————————❷
         --> has_priority = true ———❸
         --> :method: GET ——————————❹
             :authority: akah2san.h2book.com
             :scheme: https
             :path: /
             cache-control: max-age=0
             upgrade-insecure-requests: 1
             user-agent: Mozilla/5.0 (Macintosh; Intel Mac...
             accept: text/html,application/xhtml+xml,...
             accept-encoding: gzip, deflate, sdch, br
             accept-language: en-US,en;q=0.8
             cookie: [30 bytes were stripped]
             if-none-match: 11168351bd3324ad3e43ed68195063c5:1464989325"
         --> parent_stream_id = 0 ——————❺
         --> stream_id = 1 ——————————❻
         --> weight = 256 ——————————❼
```

❶ 앞서 설명한 이벤트 정보다.

❷ fin = true는 전송될 헤더 프레임이 더 이상 없음을 나타낸다.

❸ 이 요청에는 우선순위 설정이 있다.

❹ 이 프레임의 HTTP 헤더는 여기서 시작된다.

❺ 연관된 부모 스트림 ID는 0이다.

❻ 이 스트림의 ID는 1이다(첫 번째 클라이언트 요청).

❼ 상대적 가중치는 256이다.

net-internals 이벤트를 살펴보면, 언제 무슨 일이 발생했는지 정확하게 알 수 있고, 심지어 프로토콜 내부도 들여다볼 수 있다.

> **NOTE_** 이 방대한 출력 결과를 크롬에서 보면 눈이 아플 수도 있다. 이때 도움이 되는 것이 있다. 레베카 머피|Rebecca Murphy는 chrome-http2-log-parser라는 작지만 유용한 도구를 만들었다. 그녀의 말에 따르면, 이 도구는 HTTP/2 net-internals 출력 결과를 '더 유용한 것으로 변환'해준다. 필자는 그 말에 전적으로 동의한다.

서버 푸시 시각화

크롬 개발자 도구의 [Network] 탭은 클라이언트와 서버 간 통신을 시각적으로 추적하는 데 유용하며, 다음과 같은 많은 유용한 정보를 테이블 형식으로 보여준다.

- 개체의 이름
- 개체의 크기
- 상태 코드
- 우선순위
- 총 로딩 시간
- 시간흐름도상 로딩 시간 분석

한 가지 예를 살펴보자. 웹 페이지 https://akah2san.h2book.com/(HTTP/2로 로딩되고 서버 푸시를 사용하는 단순한 페이지)에 접속해보라.

[Network] 탭에서, [그림 8-3]과 같은 화면을 볼 수 있다.

그림 8-3 서버 푸시 시간흐름도

이 [Network] 탭에서 HTML은 CSS 3개와 PNG 이미지 4개를 불러오고 있음을 알 수 있다.
이 7개의 개체 중, 2개(/resources/push.css와 /resources/http2-banner-0614.png)
는 클라이언트로 '푸시'된 반면에, 다른 4개는 일반적인 방법으로 로딩된다.

화면 오른쪽의 폭포수 차트로 마우스 커서를 올려보면, 개체가 완전히 로딩되는 동안의 여러
단계를 자세히 볼 수 있다. 다음은 표시되는 정보를 설명한 것이다([그림 8-4] 참조).

- 연결 설정Connection Setup
  - 큐잉Queueing : 렌더링 엔진이나 네트워크 계층으로 인해 요청이 지연된 시간
  - 지연됨Stalled : 요청이 전송되기까지 대기한 시간
- 요청/응답Request/Response
  - 요청 전송Request Sent : 네트워크 요청을 전송하는 데 걸린 시간
  - 대기Waiting(TTFB) : 초기 응답, 즉 TTFB를 수신하기까지 기다린 시간. 이 값은 서버까지의 왕복 지연 시
    간과 서버가 응답을 전송하는 데 걸린 시간을 합한 것이다.
  - 콘텐츠 다운로드Content Download : 응답 데이터를 수신하는 동안 걸린 시간
- 총 소요 시간

그림 8-4 h2.css의 시간흐름도

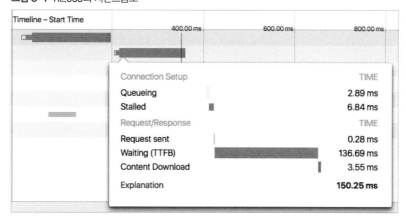

서버에서 푸시된 개체에 마우스 커서를 올려보면, [그림 8-5]와 같은 정보를 볼 수 있다.

- 서버 푸시
  - 푸시 수신Receiving Push : 푸시된 개체의 모든 바이트를 수신하는 데 걸린 시간
- 연결 설정Connection Setup
  - 큐잉: 렌더링 엔진이나 네트워크 계층으로 인해 요청이 지연된 시간
- 요청/응답
  - 푸시 읽기Reading Push : 브라우저가 푸시된 개체를 임시 캐시에서 읽는 데 걸린 시간
- 총 소요 시간

그림 8-5 push.css의 서버 푸시 시간흐름도

크롬 세션키 로깅

크롬과 파이어폭스는 브라우저의 암호화된 연결을 복호화하는 데 사용하는 TLS 세션키를 로깅하는 기능이 있다. 와이어샤크(8.7절 '와이어샤크' 참조)와 같은 매우 유용한 외부 도구를 사용하면 트래픽을 확인하고 HTTP/2 프레임을 분석할 수 있다. 이 기능을 위해서는 브라우저를 실행하기 전에 키를 로깅할 위치를 지정하는 환경 변수를 적절히 설정해야 한다. 예를 들어, OS X에서는 다음과 같다.

```
$ SSLKEYLOGFILE=~/keylog.txt
$ open /Applications/Google\ Chrome.app/Contents/MacOS/Google\ Chrome
```

모질라^{Mozilla}에서는 이 절차를 자세히 설명하고 있다(https://developer.mozilla.org/en-US/docs/Mozilla/Projects/NSS/Key_Log_Format).

8.1.2 파이어폭스 개발자 도구

파이어폭스 브라우저도 웹 개발자를 지원하는 다양한 도구를 제공한다. 이번 절에서 HTTP/2로 전송되는 웹 콘텐츠를 디버깅하는 데 유용한 파이어폭스의 몇 가지 기능을 설명할 것이다.

HTTP 세션 로깅

HTTP 세션을 로깅할 수 있으면 디버깅 용도로 유용하다. 파이어폭스의 HTTP 세션 로깅은 전송 중에 일어나는 일을 자세히 볼 수 있게 해준다.

아직까지 파이어폭스 브라우저 내에서 이러한 정보를 수집하는 기능은 없다. 명령어 작업을 약간 해야 한다.

파이어폭스의 HTTP 세션 로깅를 사용해 HTTP/2 트래픽 정보를 수집해보면, HTTP/2 개념 중 다음과 같은 몇 가지를 볼 수 있다.

- 스트림 ID
- 우선순위
- 의존성

- 서버 푸시
- 세션 PING

세션 로깅을 사용하려면, 윈도우 명령 프롬프트에서 다음 명령어를 입력한다.

```
cd c:\
set NSPR_LOG_MODULES=timestamp,nsHttp:5,nsSocketTransport:5,nsStreamPump:5, ^
    nsHostResolver:5
set NSPR_LOG_FILE=%TEMP%\firefox_http_log.txt
cd "Program Files (x86)\Mozilla Firefox"
.\firefox.exe
```

MAC OS 터미널에서는 다음과 같은 명령어를 입력한다.

```
export NSPR_LOG_MODULES=timestamp,nsHttp:5,nsSocketTransport:5, \
    nsStreamPump:5,nsHostResolver:5
export NSPR_LOG_FILE=~/Desktop/firefox_http_log.txt
cd /Applications/Firefox.app/Contents/MacOS
./firefox-bin
```

> **NOTE_** firefox_http_log.txt라는 텍스트 파일은 셸 환경 변수 NSPR_LOG_FILE에 지정된 디렉터리에
> 저장된다. 환경 변수 GECKO_SEPARATE_NSPR_LOGS를 1로 설정하면, 모든 자식 프로세스는 각자의
> 파일에 로깅을 한다. 각 로그 파일은 환경 변수 NSPR_LOG_FILE에 지정된 이름으로 생성되지만, 문자열
> '.child-X'가 뒤에 추가되며, 여기서 X는 각 자식 프로세스마다 다른 숫자다.

다음 두 가지 방법으로 셸 환경 변수 NSPR_LOG_MODULES 값을 수정하면 로그 파일의
상세도를 제어할 수 있다.

- 해당 모듈의 오른쪽 숫자를 변경한다. 예를 들어, nsHttp:3은 nsHttp:5보다 상세도가 더 낮다. 디버그 값의
목록은 [표 8-1]을 참조하라.
- 모듈 목록에서 모듈을 제거한다. 예를 들어, NSPR_LOG_MODULES=timestamp,nsHttp:5는
NSPR_LOG_MODULES=timestamp,nsHttp:5,nsSocketTransport:5,nsStreamPump:5보
다 상세도가 더 낮다. NSPR_LOG_MODULES=all:5를 사용하면 가장 상세히 로깅할 수 있다.

표 8-1 NSPR_LOG_FILE 상세도 수준

수준	설명
0	로깅하지 않음
1	중요 메시지, 항상 로깅함
2	오류errors 메시지
3	경고warnings 메시지
4	디버그 메시지, 알림notices
5	모두 로깅

파이어폭스 세션키 로깅

크롬과 마찬가지로 파이어폭스도 TLS 세션키를 로깅할 수 있다. 자세한 설명은 8.1.1절 '크롬 개발자 도구'의 '크롬 세션키 로깅'을 참조하라.

8.1.3 iOS에서 찰스 프락시를 사용해 h2 디버깅하기

TLS 암호화, iOS 보안 모델, 시각화 기능이 없다 보니 iOS에서 h2를 디버깅하기는 쉽지 않다. 이번 절에서는 찰스 프락시Charles Proxy[3]가 동작 중인 컴퓨터를 사용해 iOS 디바이스를 디버깅하는 방법을 설명한다. 찰스 프락시는 그 이름이 암시하듯이 프락시 기능을 한다. 디바이스가 이 프락시를 경유하도록 구성하면, 어떤 요청과 응답이 발생하는지 정확하게 알 수 있다. 이는 크롬과 파이어폭스 등에는 이미 내장된 기능이지만, iOS용 사파리 등의 브라우저와 기본 iOS 애플리케이션에서는 사용할 수 없는 기능이다.

---

3 https://www.charlesproxy.com/

디버깅을 준비하는 절차로, 컴퓨터에 찰스 프락시를 설치하고, 프락시 기능을 할 디바이스에 루트 인증서를 설치한 후(이제 찰스 프락시가 중간자^{man in the middle}가 되어 TLS 트래픽을 복호화할 수 있다), 찰스 프락시가 동작 중인 호스트 컴퓨터의 IP와 포트 정보로 iOS 디바이스에 프락시 설정을 한다. 여기서는 iOS 시뮬레이터와 실제 iOS 디바이스를 사용해 이 절차를 설명할 것이다.

iOS 시뮬레이터

찰스 프락시와 iOS 시뮬레이터 둘 다를 한 대의 컴퓨터에 설치하여 h2를 디버깅하려면, 다음 절차를 따른다.

1 iOS 시뮬레이터를 종료한다.

2 찰스 프락시를 실행한다.

3 iOS 시뮬레이터에서 [Help] 메뉴를 열어 [SSL Proxying] → [Install Charles Root Certificate in iOS Simulators]를 선택한다(이러면 모든 로컬 iOS 시뮬레이터에 루트 인증서가 설치된다).

이제 iOS 시뮬레이터를 실행하면, TLS 프락시 기능을 사용하는 찰스 프락시로 TLS 웹사이트에 접속할 수 있다.

iOS 디바이스

iOS 디바이스에서 HTTPS 트래픽을 디버깅하려면, 컴퓨터에서 프락시를 실행한 후, iOS 디바이스가 해당 프락시를 사용하도록 네트워크 설정을 변경해야 한다.

호스트 컴퓨터에서는 다음 절차를 따른다.

1 찰스 프락시를 실행한다.

2 [Proxy] 메뉴에서 [Proxy Settings]를 선택한 후, 포트가 8888인지 확인한다(8888 포트로 연결이 안 된
다면 동적 포트dynamic port를 사용해도 된다).

3 [Proxy] 메뉴에서 [SSL Proxy Settings]를 선택한 후, [Add]를 클릭하고 [Host] 필드에 모니터링할 호스
트 이름을 입력한다(모든 사이트를 모니터링하려면 *을 입력한다).

4 [Proxy] 메뉴에서 [Access Control Settings]를 선택한 후, iOS 디바이스의 IP를 추가한다(모든 디바이
스의 연결을 허용하려면 0.0.0.0/0을 입력한다).

5 [Help] 메뉴에서 [Local IP Address]를 선택한 후, 로컬 IP 주소를 확인하고 창을 닫는다(iOS 디바이스에
서 이 IP를 프락시 서버로 사용해야 한다).

6 [File] 메뉴에서 [New Session]을 선택하여 트래픽 기록을 시작한다.

이 절차에 관한 더 많은 정보는 https://www.charlesproxy.com/documentation/
proxying/ssl-proxying/을 참조하라.

다음으로, iOS 디바이스에서 다음 절차를 따른다.

1 [설정] 앱 → [WI-FI] 설정을 연 후, 현재 연결된 WiFi 네트워크의 오른쪽에 있는 (〉) 모양의 세부 정보 아이
콘을 클릭한다.

2 화면 아래쪽의 [HTTP PROXY] 메뉴에서 [수동]을 선택한다

3 [서버] 필드에 호스트 컴퓨터의 IP를 입력하고, [포트] 필드에는 8888을 입력한다(동적 포트를 사용하고 있다
면 다른 숫자를 입력한다).

4 홈 버튼을 누르고 사파리를 실행한 후, chls.pro/ssl(또는 http://www.charlesproxy.com/getssl/)를
입력하여 찰스 프락시 루트 인증서(TLS 트래픽을 복호화하는 데 필요)를 설치한다.

이제 SSL 프락시 기능을 사용하는 찰스 프락시로 TLS 웹사이트에 접속할 수 있다(애플 내장
앱처럼 고정된 인증서를 사용하는 일부 앱은 제외).

8.1.4 안드로이드에서 h2 디버깅하기

안드로이드에서 h2를 디버깅하려면 몇 가지 설정이 필요하다. 안드로이드 디바이스에서 [설
정]을 열고 [개발자 옵션] 메뉴를 찾아 [USB 디버깅]을 활성화해야 한다(안드로이드 4.2 이후
버전을 사용하고 있어 [개발자 옵션] 메뉴를 찾을 수 없다면, 해당 메뉴를 활성화해야 한다[4]).

---

4 http://bit.ly/2pvN5uw

[USB 디버깅]을 활성화했다면 개발용 컴퓨터에서 다음 절차를 따른다.

1 크롬을 연다(시크릿 모드나 게스트 모드에서는 디버깅이 동작하지 않기 때문에 일반 사용자 모드로 크롬을 열어야 한다).

2 메뉴 → [도구 더보기] → [개발자 도구]를 선택한 후, [개발자 도구] 화면 오른쪽의 [⋯] 메뉴에서 [More tools] → [Remote devices]를 선택한다. 여기에서 연결된 모든 원격 디바이스의 상태를 볼 수 있다([Discover USB devices]가 활성화되어 있어야 한다).

3 USB 케이블을 사용하여 안드로이드 디바이스를 개발용 컴퓨터의 USB 포트에 연결한다(USB 허브는 사용하지 않는다).

4 안드로이드 디바이스를 컴퓨터에 처음 연결한 경우, 안드로이드 디바이스에서 USB 디버깅을 허용할지를 묻는 메시지를 승인하여 권한을 부여한다. 디바이스를 인가하고 나면 안드로이드 디바이스가 연결된 것을 볼 수 있다.

이제 디바이스의 트래픽을 살펴볼 수 있다. 또한 [Toggle Screencast] 버튼을 사용하여 안드로이드 디바이스의 화면을 개발자 도구 화면에서 볼 수도 있다.

8.2 웹페이지테스트

웹페이지테스트는 다양한 측면에서 웹사이트 성능을 측정할 수 있는 웹 기반의 무료 성능 모니터링 도구다. 웹페이지테스트는 전 세계 곳곳에 분포된 웹 브라우저의 서버 팜[farm]을 활용하며, 다양한 네트워크 상태와 브라우저 환경을 조합하여 사이트의 성능을 테스트할 수 있게 해준다. 다음은 알아둘 필요가 있는 기능 몇 가지다.

- 전체 브라우저 세션을 에뮬레이션하기 위해 다양한 방법으로 테스트를 스크립트화하는 기능
- 테스트 실행 결과를 나중에 비교할 수 있도록 웹 페이지 로딩 화면과 영상을 저장하는 기능
- 와이어샤크(8.7절 '와이어샤크' 참조) 등의 도구에서 사용할 수 있도록 전체 패킷을 추적하는 기능
- 대역폭 제한, 지연 시간 증가, 손실 발생 등 다양한 네트워크 설정을 조정하는 기능

여러 조건을 변경하여 광범위한 상황에서 성능이 어떻게 변하는지 살펴보는 것이 좋다. 이는 이 책의 내용보다 훨씬 더 많이 설명해야 하는 주제며, 더 자세히 알고 싶다면 릭 비스코미[Rick Viscomi], 앤디 데이비스[Andy Davies], 마셀 듀런[Marcel Duran]이 쓴 『Using WebPageTest』를 읽어보기를 권장한다.

8.3 OpenSSL

OpenSSL[5]은 SSL 및 TLS 프로토콜을 라이브러리 형태로 구현한 오픈소스 소프트웨어로(아파치 및 BSD 라이선스 동의로 배포), 이를 사용해 애플리케이션의 통신을 보호할 수 있다. 이번 절에서는 openssl로 알려진 명령줄 도구와 이를 사용해 HTTP/2를 디버깅하는 방법에 중점을 둔다.

8.3.1 OpenSSL 명령어

많은 웹 브라우저가 HTTPS를 통한 HTTP/2만 지원하기 때문에, 웹 서버의 SSL 인증서가 HTTP/2의 모든 요건을 충족하는지 검증하는 데 openssl 명령어가 유용하다. 다음은 검증하기를 원하는 사이트를 openssl로 확인하는 방법이다('akah2san.h2book.com'을 검증할 호스트이름으로 대체하면 된다).

```
$ echo ¦ openssl s_client -connect \
    akah2san.h2book.com:443 -servername akah2san.h2book.com \
    -alpn spdy/2,h2,h2-14 ¦ grep ALPN
...
ALPN protocol: h2
```

> **NOTE_** 끝부분의 '¦ grep ALPN' 명령어는 출력 결과를 필터링하여 단 두 줄만 남긴다. 명령줄에서 이 부분을 생략하면, openssl s_client 명령어의 전체 출력 결과를 볼 수 있으며, 여기에는 TLS 구성을 디버깅하는 데 유용한 정보가 있다. 이는 인증서 체인, 인증서, 협상에 사용된 암호 알고리즘, ALPN 협상 등 다양한 정보를 포함한다. 시간을 갖고 openssl 명령어를 학습하면, 충분히 보답받을 수 있을 것이다.

---

5 https://www.openssl.org/

8.4 nghttp2

nghttp2는 HTTP/2와 헤더 압축 알고리즘 HPACK을 C로 구현했다.

HTTP/2의 프레이밍 계층은 재사용 가능한 C 라이브러리의 형태로 구현되어 있다. 그 외에도, nghttp2는 [표 8-2]의 도구도 제공한다.

표 8-2 nghttp2 도구

도구	설명
nghttp	명령줄 클라이언트
nghttpd	서버
nghttpx	프락시
h2load	부하 테스트 도구
inflatehd	HPACK 헤더 압축 해제 명령줄 도구
deflatehd	HPACK 헤더 압축 명령줄 도구

이번 절은 명령줄 도구인 nghttp에 중점을 둔다.

8.4.1 nghttp 사용하기

nghttp를 사용해 HTTP/2 URL을 디버깅하고 HTTP/2 프레임 정보를 출력할 수 있다.

다음은 nghttp에 전달할 수 있는 몇 가지 유용한 매개변수다.

- −v (디버깅 정보를 출력한다)
- −n (HTML 본문 등 내려받은 데이터를 폐기한다)
- −a (동일한 호스트이름에서 전송된 HTML 내의 콘텐츠를 내려받는다)
- −s (통계를 출력한다)
- −H 〈헤더〉 (요청에 헤더를 추가한다. 예 − H':method: PUT')
- −−version (버전 정보를 출력 후 종료한다)

> **NOTE_** nghttp —help를 사용하면 사용 가능한 전체 매개변수 목록을 확인할 수 있다.

다음 명령어는 내려받은 데이터를 폐기하고 통계를 출력하기 위해 nghttp를 n과 s 매개변수와 함께 사용한 예시를 보여준다.

```
$ nghttp -ns https://akah2san.h2book.com/hello-world.html
***** Statistics *****

Request timing:
  responseEnd: the time when last byte of response was received
          relative to connectEnd
 requestStart: the time just before first byte of request was sent
          relative to connectEnd. If '*' is shown, this was
          pushed by server.
      process: responseEnd - requestStart
         code: HTTP status code
         size: number of bytes received as response body without
           inflation.
          URI: request URI

see http://www.w3.org/TR/resource-timing/#processing-model

sorted by 'complete'

id responseEnd requestStart process code size request path
  2 +142.85ms * +35.89ms 106.96ms 200  64 /resources/push.css
 13 +175.46ms    +128us 175.33ms 200 169 /hello-world.html
```

앞의 출력 결과를 살펴보면, HTTP/2 서버 푸시로 인해 발생한 두 가지 흥미로운 점을 발견할 수 있다.

- 매개변수로 지정하지 않았음에도 /resources/push.css를 내려받았다. requestStart 값이 *로 표시된 것으로 보아, 이는 서버가 푸시한 콘텐츠이기 때문이다.
- HTML 자체보다 /resources/push.css를 먼저 내려받았다.

nghttp를 사용해 출력 결과를 살펴보는 완전한 예는 5.7.1절 '간단한 GET'에서 볼 수 있다.

8.5 curl

curl[6]은 대니얼 스텐버그Daniel Stenberg가 처음 만든 소프트웨어 프로젝트로, 다양한 프로토콜을 사용해 데이터를 전송할 수 있는 라이브러리(libcurl)와 명령줄 도구(curl)를 제공한다. curl 은 HTTP/2 지원을 위해 nghttp2 라이브러리를 사용하긴 하지만, nghttp보다 훨씬 더 널리 사용되고 있으며 디버깅 도구로써 독자적인 위치를 차지할 만큼 차별화 된 가치가 있다. 이 책 을 쓰는 시점에 curl은 34개의 운영체제와 261개의 패키지에서 사용할 수 있다. curl 다운로 드 마법사[7]를 사용하면 운영체제에 맞는 올바른 패키지를 찾을 수 있다.

8.5.1 curl 사용하기

HTTP/2와 함께 curl을 사용하려면, 명령줄에 --http2 옵션을 전달하면 된다. -v 옵션을 추 가하면 지정한 URL에 관한 상세한 디버깅 데이터가 출력된다. openssl을 사용해 얻을 수 있 는 많은 정보를 curl의 상세 출력 결과에서도 쉽게 얻을 수 있다. 다음은 한 가지 예다.

```
$ curl -v --http2 https://akah2san.h2book.com/hello-world.html
* Trying 2001:418:142b:19c::2a16...
* Connected to akah2san.h2book.com (2001:418:142b:19c::2a16) port 443 (#0)
* ALPN, offering h2 ———————❶
...
* SSL connection using TLSv1.2 / ECDHE-RSA-AES256-GCM-SHA384
* ALPN, server accepted to use h2
* Server certificate: ———————❷
* subject: CN=akah2san.h2book.com
* start date: Aug 12 17:59:00 2016 GMT
* expire date: Nov 10 17:59:00 2016 GMT
* subjectAltName: host "akah2san.h2book.com" matched cert's
  "akah2san.h2book.com"
* issuer: C=US; O=Let's Encrypt; CN=Let's Encrypt Authority X3
* SSL certificate verify ok.
* Using HTTP2, server supports multi-use
* Connection state changed (HTTP/2 confirmed)
...
```

---

6 https://github.com/curl/curl/
7 https://curl.haxx.se/dlwiz/

```
* Using Stream ID: 1 (easy handle 0x7f8d59003e00) ———❸
> GET /hello-world.html HTTP/1.1
> Host: akah2san.h2book.com
> User-Agent: curl/7.49.1
> Accept: */*
>
* Connection state changed (MAX_CONCURRENT_STREAMS updated)!
* HTTP 1.0, assume close after body
< HTTP/2 200 ———————————❹
< server: Apache
< content-length: 169
...
<
<html>  ————————————❺
    <head lang="en">
        <meta http-equiv="Content-Type" content=
         "text/html; charset=UTF-8">
        <title>Hello HTTP/2</title>
    </head>
    <body>Hello HTTP/2</body>
</html>
* Closing connection 0
* TLSv1.2 (OUT), TLS alert, Client hello (1):
```

❶ ALPN 정보

❷ TLS 정보(openssl에서 본 것과 유사)

❸ 스트림 데이터

❹ HTTP/2의 사용 및 200 응답 수신

❺ 페이지 내용

페이지 로딩 시간 측정하기

curl의 w 매개변수를 사용하면 유용한 성능 측정값을 출력할 수 있다(curl man 페이지[8] 참조).

curl 요청에 다음 매개변수를 추가해보라(매개변수에는 텍스트 출력 형식 지정이 포함되어 있음을 주목하라).

---

8 https://curl.haxx.se/docs/manpage.html

```
 -w "Connection time: %{time_connect}\t1st byte transfer:
   %{time_starttransfer}\tDownload time: %{time_total}
     (sec)\tDownload Speed: %{speed_download} (bps)\n"
```

출력 결과에서 다음 측정값을 확인할 수 있다.

- 연결 시간

- 첫 번째 바이트 수신 시간

- 다운로드 시간

- 총 소요 시간

- 다운로드 속도(초당 전송 가능 바이트 수)

한 가지 예를 들면 다음과 같다.

```
$ curl -v --http2 https://akah2san.h2book.com/hello-world.html -w      \
    "Connection time: %{time_connect}\t                                 \
    1st byte transfer: %{time_starttransfer}\t                          \
    Download time: %{time_total} (sec)\t                                \
    Download Speed: %{speed_download} (bps)\n"

...중간 생략...
* Connection #0 to host akah2san.h2book.com left intact
Connection time: 0.054 1st byte transfer: 0.166 Download time: 0.166 (sec)
Download Speed: 1016.000 (bps)
```

8.6 h2i

h2i[9]는 브래드 피츠패트릭Brad Fitzpatrick이 개발한 대화식 HTTP/2 콘솔 디버깅 도구로, 이를 사용하면 가공하지 않은 HTTP/2 프레임을 서버로 전송할 수 있다. 이를 통해, 예전 h1에서 telnet이나 openssl 등의 도구를 사용하던 것과 동일한 방식으로 HTTP/2 서버와 직접 상호

---

9 https://github.com/bradfitz/http2/tree/master/h2i

작용할 수 있다.

h2i에는 HTTP/2를 지원하는 웹사이트의 호스트이름만 지정하면 된다. 서버에 연결되면 h2i〉프롬프트를 볼 수 있으며, 여기에서 HTTP/2 프레임을 서버로 전송할 수 있다.

다음 예시는 h2i 클라이언트가 https://www.google.com/을 요청하는 과정을 보여준다(줄이 긴 경우 〈생략〉 표시함).

```
$ h2i www.google.com
Connecting to www.google.com:443 ...
Connected to 172.217.5.100:443
Negotiated protocol "h2"
[FrameHeader SETTINGS len=18]
  [MAX_CONCURRENT_STREAMS = 100]
  [INITIAL_WINDOW_SIZE = 1048576]
  [MAX_HEADER_LIST_SIZE = 16384]
[FrameHeader WINDOW_UPDATE len=4]
Window-Increment = 983041

h2i> headers
(as HTTP/1.1)> GET / HTTP/1.1
(as HTTP/1.1)> Host: www.google.com
(as HTTP/1.1)>
Opening Stream-ID 1:
 :authority = www.google.com
 :method = GET
 :path = /
 :scheme = https
[FrameHeader HEADERS flags=END_HEADERS stream=1 len=445]
  :status = "200"
  date = "Wed, 01 Mar 2017 00:08:06 GMT"
  expires = "-1"
  cache-control = "private, max-age=0"
  content-type = "text/html; charset=ISO-8859-1"
  p3p = "CP=\"This is not a P3P policy! See 〈생략〉
  server = "gws"
  x-xss-protection = "1; mode=block"
  x-frame-options = "SAMEORIGIN"
  set-cookie = "NID=98=OOy2zBP3TY9GM37WXG9PFtN 〈생략〉
  alt-svc = "quic=\":443\"; ma=2592000; v=\"35,34\""
  accept-ranges = "none"
  vary = "Accept-Encoding"
```

```
[FrameHeader DATA stream=1 len=16384]
  "<!doctype html><html itemscope=\"\" itemtype=\"http://schema.org/WebPage\"
  lang=\"en\"> <head><meta content=\"Search the world's information, including
  webpages, images, videos and more. Google has many special features to help
  <생략>
[FrameHeader PING len=8]
  Data = "\x00\x00\x00\x00\x00\x00\x00\x00"
h2i> quit
```

8.7 와이어샤크

와이어샤크[10]는 HTTP/2를 포함한 수백 가지의 고수준 프로토콜을 자체 분석할 수 있는 인기 있는 네트워크 패킷 분석기다. 와이어샤크는 tcpdump처럼 오래된 도구와 마찬가지로, 전송 중인 패킷을 추출할 수 있을 뿐만 아니라, 그 패킷을 고수준 프로토콜로 재조합하여 분석할 수도 있다. 와이어샤크는 GUI 형태뿐만 아니라 tshark라는 명령줄 도구도 있다.

와이어샤크 웹사이트[11]에서 윈도우와 Mac OS용 설치 파일을 내려받아 간단히 설치할 수 있다. 그 뿐만 아니라, 20여 종의 다양한 유닉스/리눅스 계열용 버전과 패키지를 내려받을 수 있는 링크도 있다. 와이어샤크는 원활한 지원이 되고 쉽게 구할 수 있는 도구다.

대부분의 HTTP/2가 TLS에서 동작한다는 사실 때문에, 와이어샤크를 사용해 h2를 살펴보기는 쉽지 않다. 이는 와이어샤크 덤프에서 TLS 패킷을 볼 수는 있지만, 그 패킷 내부를 들여다볼 수는 없다는 뜻이다. 이는 TLS의 기본 개념이므로 당연한 일이다. 8.1.2절 '파이어폭스 개발자 도구'의 '파이어폭스 세션키 로깅'과 8.1.1절 '크롬 개발자 도구'의 '크롬 세션키 로깅'에서, 파이어폭스와 크롬에서 키 정보를 로깅하는 방법을 살펴보았으며, 와이어샤크는 이를 이용해 TLS 패킷 내부를 들여다볼 수 있다. 이 기능과 와이어샤크에 내장된 HTTP/2 플러그인을 함께 사용하면 HTTP/2 세션 안에서 일어나고 있는 일을 정확하게 볼 수 있다.

tshark 명령어를 사용하면, 다음과 같은 출력 결과를 얻을 수 있다.

---

10 https://www.wireshark.org/
11 https://www.wireshark.org/download.html

```
$ tshark port 443 and host www.example.com
Capturing on 'Wi-Fi'
  1  0.000000 TCP 78 65277→443 [SYN] Seq=0 Win=65535 Len=0 MSS=1460
     WS=32 TSval=1610776917 TSecr=0 SACK_PERM=1
  2  0.096399 TCP 74 443→65277 [SYN, ACK] Seq=0 Ack=1 Win=14480 Len=0 MSS=1460
     SACK_PERM=1 TSval=2815107851 TSecr=1610776917 WS=128
  3  0.096489 TCP 66 65277→443 [ACK] Seq=1 Ack=1 Win=131744 Len=0
     TSval=1610777007 TSecr=2815107851
  4  0.096696 SSL 264 Client Hello
...
 33  0.386841 TCP 66 65277→443 [ACK] Seq=1043 Ack=7845 Win=128160
     Len=0 TSval=1610777288 TSecr=2815108131
 34  0.386842 TCP 66 [TCP Window Update] 65277→443 [ACK] Seq=1043
     Ack=7845 Win=131072 Len=0 TSval=1610777288 TSecr=2815108131
 35  0.386887 TCP 66 65277→443 [ACK] Seq=1043 Ack=9126 Win=129760
     Len=0 TSval=1610777288 TSecr=2815108131
 36  0.436502 HTTP2 143 HEADERS
 37  0.535887 TCP 1514 [TCP segment of a reassembled PDU]
 38  0.536800 HTTP2 1024 HEADERS, DATA
 39  0.536868 TCP 66 65277→443 [ACK] Seq=1120 Ack=11532
     Win=130112 Len=0 TSval=1610777433 TSecr=2815108271
```

이 예제 덤프에서 TCP, TLS, HTTP/2를 확인할 수 있다. 다른 옵션[12]을 추가로 사용하면 이 항목들을 더 자세히 표시해주므로 어떤 일이 일어나고 있는지 정확하게 알 수 있다.

8.8 요약

이번 장에서 소개한 도구들을 사용하면, 기존 인증서가 h2 암호화 요건을 충족하는지 검증하고, HTTP 통신을 저수준에서 디버깅하고, 고급 테스트용 간단한 h2 웹 서버를 구성하는 등의 작업을 쉽게 할 수 있다. 이런 작업을 하는 방법을 알고 나면, h2에 관해 더 많은 것을 배워 웹 사이트를 h2 프로토콜로 전환하는 데 도움이 될 것이다.

---

12 https://www.wireshark.org/docs/man-pages/tshark.html

CHAPTER 9

다음은 무엇인가

HTTP/1.1과 HTTP/2 사이에는 20년의 간극이 있지만, 현재 이루어지고 있는 실험과 연구에 따르면 다음 버전까지 또다시 20년이 걸리지는 않을 것으로 보인다. 인터넷 프로토콜의 세계에서 차세대 혁명을 일으킬 가능성이 큰 h2를 점점 더 많이 채택하고 있는 지금도 많은 작업이 이루어지고 있다. 이러한 급속한 변화의 근원과 그 이면의 개념을 이해하려면, HTTP의 토대가 되는 스택stack에 대한 배경 지식을 갖는 것이 중요하다.

9.1 TCP인가, UDP인가

TCP냐 UDP냐 하는 것은 요즘 많은 논란의 대상이 되고 있으며, 이 질문에 대한 논쟁은 유효하지만 자칫 오해의 소지도 있다. 3장에서 h2의 기본 개념을 살펴볼 때 TCP를 논의했다. 요약하면, TCP는 연결, 신뢰성, 혼잡 제어에 대한 합의된 개념을 제공하는 IP 데이터그램datagram 기반의 프로토콜이다. 이 개념들은 TCP가 복잡한 인터넷에서 신뢰성 있으면서 지속적으로 동작하게 하는 요소들이다. 반면에, UDP User Datagram Protocol는 훨씬 더 원초적이다. UDP 프로토콜에서, 한 데이터그램(패킷)은 다른 UDP 패킷과 아무런 관계가 없다. '연결'이라는 것도 없고, 전송을 보장하지도 않으며, 네트워크 상황에 적응하는 능력도 없다. UDP는 작은 개별 질의와 응답을 주고받는 DNS와 같은 단순한 프로토콜을 만드는 데 적합하다.

UDP 기반 애플리케이션이 차세대 웹의 기반이 될 수 있으려면, 연결이라는 개념을 구현하고, 신뢰성을 높이고, 일종의 혼잡 제어도 있어야 한다. 다시 말해서, TCP가 이미 제공하는 많은 것을 다시 구현해야 한다. 그렇다면 패킷 수준에서 이 두 프로토콜이 거의 비슷하다고 가정하고, UDP가 브라우저에 쓸모 있으려면 TCP 스택의 전부는 아니더라도 많은 부분을 다시 구현해야 한다는 사실을 감안할 때, TCP에서 UDP로 전환해야 할 이유는 무엇인가? 단순히 TCP를 변경하는 대신 UDP로 전환하는 이유는 무엇인가?

그 대답은 TCP가 어디에 구현되었는지와 관계있다. 현대의 OS 대부분은 TCP 스택이 커널^{kernel}에 포함되어 있다. TCP 스택은 성능상의 이유로 오래전부터 커널에 포함되어 왔다. 하지만 커널은 변경하기 어렵다. 커널은 차세대 브라우저 개발자가 혼자 힘으로 변경할 수 있는 것이 아니다. 커널 변경은 OS 개발사만 가능하고, OS를 업데이트해야 그 변경이 적용된다. OS를 업데이트하는 일은 브라우저를 업그레이드하는 일에 비해 매우 복잡한 작업이기 때문에, OS 업데이트는 매우 드물게 이루어질 만큼 그 변경의 영향도가 크다. 업데이트한 것이 제대로 동작하려면 인터넷상의 많은 인프라도 함께 업데이트해야 한다는 점을 고려할 때, TCP를 수정할 수 있다고 하더라도 그렇게 하는 것은 극히 비현실적이라는 것을 알 수 있다.

그렇다면 왜 TCP 스택을 UDP 기반으로 사용자 공간에서 근본적으로 다시 구현하려고 하는가? 간단한 대답은 제어권이다. TCP 스택을 사용자 공간(예를 들어, 브라우저 내부)으로 옮기면 개발자는 네트워크 스택에 대한 전례 없는 제어권을 얻어, 사람들이 브라우저를 자동 업데이트하기만 하면 새 버전을 신속하게 개발하고 배포하는 일을 반복할 수 있게 된다. 이것이 바로 개발자의 꿈이자, TCP 대 UDP 논쟁의 핵심이다.

따라서 질문은 "TCP인가, UDP인가?"가 아니라, "커널 공간인가, 사용자 공간인가?"여야 한다. 다음에 누군가 한 프로토콜이 다른 프로토콜보다 더 낫다고 극찬할 때 이 질문을 떠올려 보라.

9.2 QUIC

지금까지 평소에는 다루지 않을 논쟁거리를 다루었으므로, 현재 떠오르고 있고 실제 사용되기도 하는 몇 가지 기술을 논의할 수 있다.

HTTP/2의 약점은 인기 있는 TCP 구현에 의존적이라는 것이다. 3.1.3절 'HTTP/1의 문제점의 TCP의 비효율적 사용'에서 논의한 것처럼, TCP 연결은 TCP 느린 시작, 혼잡 회피, 손실된 패킷에 대한 비정상 반응이라는 함정에 빠질 수 있다. 한 페이지 내의 모든 개체에 대한 모든 요청을 단일 연결 위에서 전송하면, 다중화의 이점을 얻을 수 있지만 TCP 수준에서 발생할 수 있는 HOL 블로킹에 취약해진다. 단일 TCP 연결은 여전히 장점이 많지만, 그 많은 장점도 모두 개선의 대상이 될 수 있다.

구글이 개발한 QUIC는 Quick UDP Internet Connection의 약어다. QUIC는 사용자 공간에 상주하는 UDP 기반의 전송 프로토콜(9.1절 'TCP인가, UDP인가?' 참조) 위에 HTTP/2를 두며, 프로토콜로서의 완전한 면모를 갖추기 위해 암호화와 인증 등의 기능을 포함한다. 다음은 RFC[1]의 초안에서 가져온 설명이다.

> QUIC는 HTTP/2에 상응하는 다중화와 흐름 제어, TLS에 상응하는 보안성, TCP에 상응하는 연결 의미, 신뢰성, 혼잡 제어를 제공한다.

이 설명은 상당히 인상적이다. HTTP/2는 기반이 되는 TCP 메커니즘을 유지하느라 많은 노력을 기울였다. QUIC는 그러한 제약에서 벗어나 더 나은 메커니즘을 만들었다. 뉴튼^{Newton}은 1676년 이런 유형의 진보를 한 문장으로 요약했다.

> 내가 다른 사람보다 더 멀리 보았다면, 그것은 거인들의 어깨에 올라 서 있었기 때문이다.
>
> — 아이작 뉴튼 경^{Sir Issac Newton}

QUIC는 h2가 남겨둔 것을 해결할 수 있는 중요한 기능이 많이 있다.

- **비순차 패킷 처리** : h2에서는 TCP 스트림에서 패킷이 손실되면, 해당 패킷이 재전송 및 재수신되기까지 전체 연결이 일시 중단된다. QUIC에서는 애플리케이션 계층이 손실에 영향을 받지 않는 스트림의 패킷은 계속 수신하여 처리할 수 있다.
- **유연한 혼잡 제어** : QUIC의 혼잡 제어는 플러그인 형태로 교체할 수 있도록 설계되었다. 이 덕분에 매우 쉽게 새로운 알고리즘을 시험할 수 있으며, 심지어 실시간 상태에 따라 다른 알고리즘으로 교체할 수도 있다.
- **낮은 연결 수립 오버헤드** : QUIC의 목표는 암호화와 인증을 포함하여 연결 수립에 드는 왕복 시간을 없애는 것이다(0-RTT). 현재의 기술(TCP와 TLS 1.2)를 사용했을 때, 연결을 수립하기 위한 최소 왕복 횟수는 3회다.

---

1 http://bit.ly/2pOEsaO

- **전송 정보의 인증** : TCP는 신뢰성을 기반으로 하는 TCP의 본질을 악용하는 삽입 공격injection attack과 같은 개념에 취약하다. QUIC는 패킷 헤더를 인증하며, 이 때문에 그러한 공격이 (불가능하지는 않더라도) 훨씬 더 어려워진다.

- **연결 이동** : 모바일 세계에서는, 연결이 유지되는 동안 IP 주소가 변경될 수 있다. TCP 세계에서는, 연결은 해제된 후 재수립되어야 한다. QUIC는 클라이언트가 이동할 때도 연결을 보존하려고 노력한다.

RFC가 완성되지는 않았지만, QUIC는 현재 크롬과 많은 구글 제품에서 사용할 수 있으므로 QUIC를 시험해보려고 기다릴 필요는 없다.

9.3 TLS 1.3

TLS^Transport Layer Security는 HTTP/2가 요구하는 암호화 및 인증 계층이다. TLS 1.2로 넘어간 지 얼마 되지 않은 것 같지만, 사실 TLS 1.2의 RFC[2]가 발표된 지 10년이 되어 가고 있다. TLS 1.3은 현재 작업 중이며, 2017년 3월 현재 RFC의 초안 19[3]가 발표되었다. TLS 1.3은 TLS 1.2를 대폭 개선한 것으로 보이며, 이 책에서 관심 있는 중요한 내용인, 프로토콜 개발 과정에서 성능 개선을 위한 몇 가지 기능도 포함되어 있다.

TLS 1.3에서 제안된 가장 중요한 개선 사항은 새 연결 수립에 1-RTT(3-RTT에서 감소), 연결 재개에 0-RTT가 소요되게 하는 것이다. 이러한 추세는 "왕복은 나쁜 것이니 없애야 한다"라는 문장으로 요약할 수 있다.

9.4 HTTP/3

HTTP/3는 만들어질 것인가? 만약 그렇다면 어떠할 것인가?

첫 번째 질문에 대한 대답은 의심할 여지 없이 '그렇다'이다. 지금은 웹 프로토콜을 신속하게 시험하고 구현하는 시대다. 속도는 중요하며 웹사이트의 사용자를 모으고 유지하는 데 직접적인 영향을 미친다. 이는 결국 수익 창출, 정보의 유통, 인간의 소통이라는 목적을 달성하는 데도

---

2 https://www.ietf.org/rfc/rfc5246.txt
3 https://tools.ietf.org/html/draft-ietf-tls-tls13-19

직접적인 영향을 미치게 된다. 또한, 구현자와 웹 운영자 등은, 인터넷이 세계적으로 확산되었지만 인터넷 속도와 품질은 크게 차이가 난다는 점을 잘 알고 있다. 누구나 다 낮은 지연 시간과 높은 대역폭을 누리는 것은 아니다. 이는 결국 성능이 중요하다는 사실을 강조하고 있으며, 광속이라는 통신 속도 제한에 도달하기 위해 많은 사람들이 계속 노력하고 있다.

HTTP/3가 어떠할 것인가는 더 흥미로운 질문이다. HTTP/2는 SPDY의 개념에 영감을 받아 SPDY를 초안의 시작점으로 사용했다. HTTP/3는 QUIC와 비슷한 것이 될 것인가, 아니면 그 무엇보다 더 나은 새로운 무언가가 될 것인가? 지금은 정답을 말할 수 없지만 분명한 것은 무엇이 h3가 되든 그것은 더 다양한 인터넷 환경에서도 더 빠르고, 더 신뢰성 있고, 더 안전하고, 더 뛰어난 복구 능력을 갖출 것이라는 점이다.

9.5 요약

HTTP/2는 새로운 기술이다. 이는 아직 발견되지 않은 흥미로운 것이 여전히 많다는 의미다. HTTP/1을 최적화하는 데 20년이라는 시간이 들었지만, 사실 그동안 관련 산업도 엄청나게 발전했다. HTTP/3에 반영할 것 중 일부는 이미 알려졌지만 발견되지 않은 좋은 아이디어가 여전히 많을 것이다. 틀을 깨고 나와 h2를 사용해보고, 한계를 넘고, 고정관념을 부수고, 배워라. 그리고 나서 공유하라. 거기에서 HTTP/3가 만들어질 것이다.

HTTP/2 프레임

이 부록은 HTTP/2 프레이밍 계층에 대한 빠른 참조 설명서다. 각 절마다 프레임 유형 번호, 프레임의 바이너리 레이아웃, 프레임 설명, 프레임별 플래그 목록이 포함되어 있다.

A.1 프레임 헤더

5장에서 설명한 바와 같이, 모든 프레임은 동일한 9 bytes의 헤더로 시작한다.

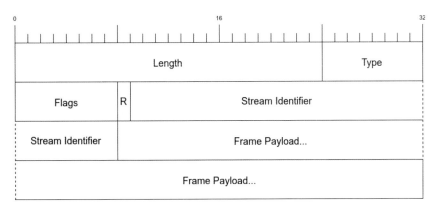

각 필드에 대한 설명은 [표 5-1]을 참조하라.

A.2 DATA

DATA 프레임은 가변 길이의 옥텟으로 구성된다. 이는 DATA 프레임에는 요청되어 전송되는 개체가 들어 있다는 말을 근사하게 표현한 것이다. 최대 프레임 길이 설정값에 따라 개체 데이터는 하나 이상의 프레임으로 분할될 수 있다. Pad Length 필드와 Padding 필드는 보안 목적으로 필요에 따라 메시지의 크기를 숨기기 위해 사용된다.

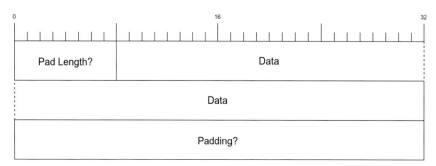

DATA 프레임 필드

이름	길이	설명
Pad Length	1 byte	패딩 필드의 길이를 지정한다. 프레임 헤더에 PADDED 플래그가 설정된 경우에만 사용된다.
Data	가변	프레임의 내용
Padding	가변	Pad Length 필드에 설정된 길이만큼의 바이트가 모두 0으로 설정된다.

DATA 프레임 플래그

이름	비트	설명
END_STREAM	0x1	이 프레임이 스트림의 마지막 프레임임을 지정한다.
PADDED	0x8	Pad Length와 Padding 필드를 사용함을 지정한다.

A.3 HEADERS

HEADERS 프레임은 스트림을 시작하여 엔드포인트에 메시지 헤더를 전송하는 데 사용한다.

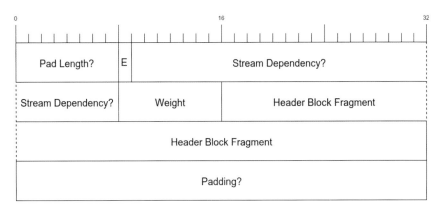

HEADERS 프레임 필드

이름	길이	설명
Pad Length	1 byte	패딩 필드의 길이를 지정한다. 프레임 헤더에 PADDED 플래그가 설정된 경우에만 사용된다.
E	1 bit	스트림 의존성이 배타적exclusive임을 지정한다. PRIORITY 플래그가 설정된 경우에만 사용된다.
Stream Dependency	31 bits	이 스트림이 의존하고 있는 스트림을 지정한다. PRIORIY 플래그가 설정된 경우에만 사용된다.
Weight	1 byte	스트림의 상대적 우선순위를 지정한다. PRIORIY 플래그가 설정된 경우에만 사용된다.
Header Block Fragment	가변	메시지의 헤더
Padding	가변	Pad Length 필드에 설정된 길이만큼의 바이트가 모두 0으로 설정된다.

HEADERS 프레임 플래그

이름	비트	설명
END_STREAM	0x1	이 프레임이 스트림의 마지막 프레임임을 지정한다.
END_HEADERS	0x4	이 프레임이 스트림의 마지막 HEADERS 프레임임을 지정한다. 이 플래그가 설정되지 않으면 CONTINUATION 프레임이 이어서 전송됨을 암시한다.
PADDED	0x8	Pad Length와 Padding 필드를 사용한다고 지정한다.
PRIORITY	0x20	이 플래그가 설정되면 E, Stream Dependency, Weight 필드가 사용됨을 지정한다.

A.4 PRIORITY

PRIORITY 프레임은 스트림의 우선순위를 지정하기 위해 전송된다. 이 프레임은 여러 번 전송될 수 있으며, 이 경우 이전에 설정된 우선순위를 변경한다.

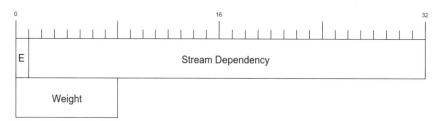

PRIORITY 프레임 필드

이름	길이	설명
E	1 bit	스트림 의존성이 배타적exclusive임을 지정한다.
Stream Dependency	31 bits	이 스트림이 의존하고 있는 스트림을 지정한다.
Weight	1 byte	스트림의 상대적 우선순위를 지정한다.

PRIORITY 프레임은 프레임 전용 플래그가 없다.

A.5 RST_STREAM

RST_STREAM은 클라이언트와 서버 어느 쪽이든 스트림을 즉시 종료하기 위해 사용한다. 이 프레임은 보통 오류 상태에 대한 응답이다. 이 프레임의 Error Code 필드는 재설정 이유를 전달하는 데 사용한다. 이 필드의 전체 코드 목록은 RFC 7540의 섹션 7[1]을 참조하라.

A.6 SETTINGS

SETTINGS 프레임은 일련의 키/값 쌍으로 구성된다. 쌍의 개수는 프레임 길이를 개별 설정 길이(6)로 나눈 값이다.

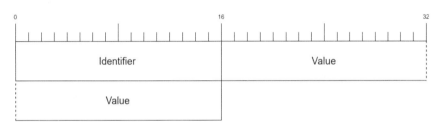

SETTINGS 매개변수

이름	ID	기본값	설명
SETTINGS_HEADER_TABLE_SIZE	0x1	4096	HPACK용 헤더 테이블의 최대 크기를 변경한다.
SETTINGS_ENABLE_PUSH	0x2	1	0으로 설정하면 상대측은 PUSH_PROMISE 프레임을 전송하지 않는다.
SETTINGS_MAX_CONCURRENT_STREAMS	0x3	무제한	송신자가 허용하는 스트림의 최대 개수를 지정한다.

----

1 https://tools.ietf.org/html/rfc7540#section-7

SETTINGS_INITIAL_WINDOW_SIZE	0x4	65353	흐름 제어를 위한 송신자의 초기 윈도우 크기를 지정한다.
SETTINGS_MAX_FRAME_SIZE	0x5	16384	송신자가 수신할 수 있는 최대 프레임 크기를 지정한다. 이 값의 범위는 $16,384(2^{14}) \sim 16,777,215(2^{24}-1)$다.
SETTINGS_MAX_HEADER_LIST_SIZE	0x6	무제한	이 설정은 송신자가 허용하는 헤더의 최대 크기를 상대측에 알려주기 위해 사용한다.

엔드포인트가 SETTINGS 프레임을 수신하여 처리할 때, 반드시 프레임 헤더에 ACK 플래그 (0x1)를 설정한 SETTINGS 프레임을 응답해야 한다. ACK 플래그는 SETTINGS 프레임용으로 정의된 유일한 플래그다. 이 방식으로 송신자는 엔드포인트가 새로운 SETTINGS 프레임을 수신하고 그 정보에 따라 동작하고 있음을 알 수 있다.

A.7 PUSH_PROMISE

PUSH_PROMISE 프레임은 클라이언트가 명시적으로 요청하지 않은 개체를 서버가 전송하려 한다는 사실을 클라이언트에 알리기 위해 전송된다. 이 프레임은 클라이언트가 전송하는 HEADERS 프레임에 대응하는 서버측 프레임이다.

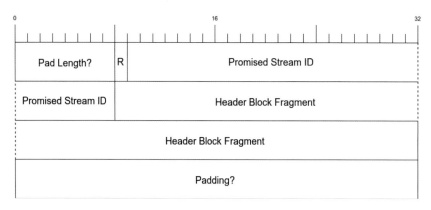

PUSH_PROMISE 프레임 필드

이름	길이	설명
Pad Length	1 byte	패딩 필드의 길이를 지정한다. 프레임 헤더에 PADDED 플래그가 설정된 경우에만 사용된다.
R	1 bit	예약된 비트로, 설정해서는 안 된다.
Promised Stream ID	31 bits	송신자가 사용할 스트림 ID를 지정한다(PUSH_PROMISE 프레임은 서버가 전송하기 때문에 규정상 항상 짝수 값이다).
Header Block Fragment	가변	푸시된 메시지의 헤더
Padding	가변	Pad Length 필드에 설정된 길이 만큼의 바이트가 모두 0으로 설정된다.

PUSH_PROMISE 프레임 플래그

이름	비트	설명
END_HEADERS	0x4	이 프레임이 스트림의 마지막 HEADERS 프레임임을 지정한다. 이 플래그가 설정되지 않으면 CONTINUATION 프레임이 이어서 전송됨을 암시한다.
PADDED	0x8	Pad Length와 Padding 필드를 사용함을 지정한다.

A.8 PING

PING 프레임은 엔드포인트 간 왕복 시간을 측정하는 데 사용한다. PING 프레임은 ACK 플래그(0x1) 단 하나만 있다. 엔드포인트는 ACK가 설정되지 않은 PING 프레임을 수신하면 ACK 플래그를 설정하고 동일한 Opaque Data를 포함한 PING 프레임을 전송한다. PING 프레임은 다른 어떤 프레임과도 연관이 없으므로(연결 수준의 프레임이다), 스트림 식별자는 반드시 0x0으로 설정해야 한다.

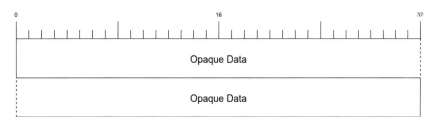

A.9 GOAWAY

GOAWAY 프레임은 연결을 정상 종료하기 위해 사용한다. 이 프레임은 연결 수준의 프레임으로, 스트림 식별자는 반드시 0x0으로 설정해야 한다. GOAWAY 프레임을 전송하면, 엔드포인트는 프레임의 수신 여부와 GOAWAY 프레임을 전송하는 이유를 수신자에게 알릴 수 있다. 문제가 발생한 경우, RFC 7540의 섹션 7에 정의된 오류 코드 중 하나가 설정되며, Last Stream ID에는 처리가 완료된 가장 높은 스트림 ID가 설정된다. 아무런 오류는 없지만 연결을 해제하려는 경우에는, Last Stream ID를 $2^{31}-1$로 설정하여 NO_ERROR(0x0) 코드를 전송한다.

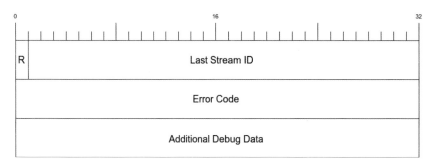

GOAWAY 프레임 필드

이름	길이	설명
R	1 bit	예약된 비트
Last Stream ID	31 bits	GOAWAY 송신자가 처리 완료한 스트림 ID 중 가장 높은 숫자. 이 프레임을 수신한 수신자는 송신자가 어디까지 수신했는지를 정확히 알 수 있다.
Error Code	4 bytes	h2에 정의된 오류 코드 또는 정상 종료인 경우 NO_ERROR
Additional Debug Data	가변	상태나 문제에 관한 더 많은 정보를 명시하기 위해 송신자가 전송하는 데이터

A.10 WINDOW_UPDATE

WINDOW_UPDATE 프레임은 스트림 흐름 제어에 사용한다. WINDOW_UPDATE 프레임을 전송하면 그 시점에 송신자가 수신할 수 있는 바이트 수를 상대측에 알려준다. 흐름 제어는 개별 스트림 또는 연결 상의 모든 스트림(스트림 ID 0x0)에 적용할 수 있다. 특정 스트림에 대한 WINDOW_UPDATE는 연결 수준의 흐름 제어에도 적용된다.

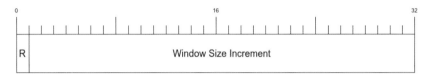

WINDOW_UPDATE 프레임 필드

이름	길이	설명
R	1 bit	예약된 비트
Window Size Increment	31 bits	현재 윈도우 크기에서 증가시킬 바이트 수

WINDOW_UPDATE 프레임은 프레임 전용 플래그가 없다.

A.11 CONTINUATION

CONTINUATION 프레임은 HEADERS, PUSH_PROMISE, CONTINUATION 프레임의 추가 헤더로 구성된다.

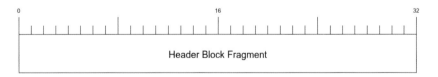

CONTINUATION 프레임 필드

이름	길이	설명
Header Block Fragment	가변	HEADERS 프레임의 설명을 참조하라.

CONTINUATION 프레임 플래그

이름	비트	설명
END_HEADERS	0x4	이 프레임이 스트림의 마지막 HEADERS 프레임임을 지정한다. 이 플래그가 설정되지 않으면 CONTINUATION 프레임이 이어서 전송됨을 암시한다.

도구 참조

이 책에서 언급한 모든 도구는 인터넷에서 쉽게 찾을 수 있지만, 독자들이 쉽게 참조하고, 유종의 미를 거두면서, 이 책을 쓴 시점의 흔적을 남기기 위해, 전체 도구를 한 데 모아 정리했다.

도구

애플리케이션	URL
Openssl	https://www.openssl.org/
nghttp2	https://nghttp2.org/
curl	https://curl.haxx.se/
h2i	https://github.com/bradfitz/http2/tree/master/h2i
와이어샤크	https://www.wireshark.org/
서트봇	https://certbot.eff.org/

브라우저

애플리케이션	URL
마이크로소프트 엣지	https://www.microsoft.com/en-us/windows/microsoft-edge
크롬	https://www.google.com/chrome/
파이어폭스	https://www.mozilla.org/en-US/firefox
사파리	http://www.apple.com/safari/
오페라	https://www.opera.com/

서버, 프락시, 캐시

애플리케이션	URL
h2o	https://h2o.examp1e.net/
아파치	https://httpd.apache.org/
스퀴드	http://www.squid-cache.org/
IIS	https://www.iis.net/
엔진엑스	https://www.nginx.com/
바니시	https://varnish-cache.org/
제티	http://www.eclipse.org/jetty/
캐디	https://caddyserver.com/
아파치 트래픽 서버Apache Traffic Server	https://trafficserver.apache.org/

INDEX

INDEX

INDEX

INDEX